Norbert Griebl

Gärtnern im Klimawandel

Haupt
NATUR

Norbert Griebl

Gärtnern im Klimawandel

100 robuste Pflanzen für den langlebigen Garten

Haupt Verlag

Das vorliegende Buch wurde sorgfältig erarbeitet und wir gehen davon aus, dass alle im Buch beschriebenen Angaben und Empfehlungen richtig sind. Dennoch erfolgen alle Angaben ohne Gewähr. Weder der Autor noch der Verlag können für eventuelle Nachteile oder Schäden, die aus den im Buch vorgestellten Informationen resultieren, eine Haftung übernehmen.

1. Auflage: 2022

ISBN 978-3-258-08276-9

Umschlaggestaltung: pooldesign.ch, CH-Zürich
Layout und Satz: Roman Bold & Black, D-Köln
Lektorat: Claudia Huber, D-Erfurt

Wir verwenden FSC-Papier. FSC sichert die Nutzung der Wälder gemäß sozialen, ökonomischen und ökologischen Kriterien.
Gedruckt in Slowenien

FSC www.fsc.org MIX Papier aus verantwortungsvollen Quellen FSC® C106954

Diese Publikation ist in der Deutschen Nationalbibliografie verzeichnet.
Mehr Informationen dazu finden Sie unter http://dnb.dnb.de.

Der Haupt Verlag wird vom Bundesamt für Kultur für die Jahre 2021–2024 unterstützt.

Wir verlegen mit Freude und großem Engagement unsere Bücher. Daher freuen wir uns immer über Anregungen zum Programm und schätzen Hinweise auf Fehler im Buch, sollten uns welche unterlaufen sein. Falls Sie regelmäßig Informationen über die aktuellen Titel im Bereich Natur & Garten erhalten möchten, folgen Sie uns über Social Media oder bleiben Sie via Newsletter auf dem neuesten Stand!

www.haupt.ch

Inhalt

Einführung

Kiwis und Feigen aus dem eigenen Garten? Was vor 30 Jahren noch als utopisch galt, ist heute bereits Realität. Andererseits kommt manch liebgewonnene Pflanzenart mit den klimawandelbedingten höheren Temperaturen kaum mehr zurecht.

Es ist an der Zeit, unsere Gärten an den Klimawandel anzupassen, sie grüner und artenreicher zu machen: Weg mit Englischem Rasen, in dem der Mähroboter tagtäglich Frischfutter für Nacktschnecken serviert – her mit den bunten Blumenwiesen, in denen Insekten schwirren. Weg von den Formhecken, die auch dreimal im Jahr geschnitten trostlos aussehen – hin zu Blütenmischhecken, die mit farbenfrohen Früchten auch im Herbst das Auge erfreuen. Weg mit Sonnenschirmen als bevorzugte Schattenspender – her mit Laubbäumen, unter denen es sich viel angenehmer sitzen lässt.

Auf dem Weg zu einem attraktiven, vielfältigen und zukunftsfähigen Garten begleitet Sie dieses Buch und stellt Ihnen im Hauptteil geeignete Arten vor.

Artenvielfalt ...

... statt Einheitstristesse

Klimawandel

Seit Ende des 19. Jahrhunderts steigen die Temperaturen auf der Erde, die Vegetationsperiode wird länger, es gibt weniger Frost, aber Hitzewellen und Starkregenereignisse werden häufiger, mehr CO_2 ist in der Luft.

Unter Hitze leiden nicht nur wir, sondern auch die Pflanzen in unseren Gärten. Sie müssen künftig in der Lage sein, längere Durststrecken zu überstehen, denn tägliches Gießen wird keine Lösung sein. «Tropische Nächte» verhindern nicht nur unsere Erholung, sondern auch die der Pflanzen. Die Dauer der Vegetationsperiode hat sich im Durchschnitt seit Anfang der 1960er-Jahre um etwa 15 Tage verlängert. Schneeglöckchen blühen inzwischen zwei Wochen früher.

Ein so kurzer Winter klingt erst einmal verlockend – könnte man doch vermuten, dass sich dadurch die Gartensaison automatisch verlängert. Dagegen spricht aber Etliches, nicht nur kaum vorhersehbare Spätfröste.

Folgen des Klimawandels:

- Die Sommer werden heißer und trockener.
- Die Jahreszeiten gehen ineinander über.
- Die Winter sind oftmals sehr mild, es gibt nur wenige kalte Winter.
- Es treten mehr gebietsfremde Pflanzen- und Tierarten auf.
- Neuartige Krankheiten und Schädlinge führen zu Problemen.
- Es kommt häufiger zu kurzfristigen Wetteränderungen.
- Orkanartige Böen und heftige Stürme nehmen zu.
- Starkregen und Hochwasserereignisse werden häufiger.

Wetter- und Klimaveränderungen sind weitgehend unabhängig voneinander. Klimawandel stellt die Veränderungen der durchschnittlichen Witterungsverhältnisse dar, Wetter macht sich kurzfristig bemerkbar. Dementsprechend bedeutet der relativ schneereiche Winter 2020/2021 nicht, dass sich der Klimawandel abgeschwächt hat. Es wird auch in Zukunft Frost und damit einhergehend Frostschäden geben.

Wir müssen uns aber trotzdem auf Veränderungen in Wald und Garten einstellen. Traditionelle Gartenpflanzen können zunehmend Probleme mit den geänderten Klimabedingungen haben, umgekehrt werden Pflanzen, die bislang in Mitteleuropa nicht als gartentauglich eingestuft wurden, in Freilandgärten ein neues Zuhause finden. Wir werden bei uns zunehmend Arten aus wärmeren Erdteilen kultivieren.

Hieß es in der Gartenbauschule Langenlois vor gerade einmal 35 Jahren, dass die Palisaden-Wolfsmilch *(Euphorbia characias)* drinnen überwintert werden muss, wenn man sie als Gartenpflanze ziehen möchte, wird sie heute im Weinbauklima als normale Freilandstaude kultiviert. Ja, sie wächst inzwischen sogar wild in Rheinland-Pfalz, Niederösterreich und Salzburg.

Einfach so weiter zu gärtnern wie bisher, auf die bewährten Arten zu setzen, die gleichen Gestaltungskonzepte immer und immer wieder anzuwenden, wird auf Dauer nicht funktionieren.

Die Bewältigung des Klimawandels beginnt mit dem Hinterfragen des eigenen Gartenverständnisses und der Suche nach Möglichkeiten, sich diesem mit gutem Gewissen zu stellen. Muss es wirklich eine riesige Terrasse mit chinesischen Natursteinplatten sein? Muss es wirklich ein Englischer Rasen sein? Vielleicht verzichten wir zugunsten der natürlichen Vielfalt einfach mal auf eine aufgeräumte Optik, egal was für Ansagen von Nachbarn und Verwandten kommen.

Wie wichtig ein funktionierender Garten ist, und sei er noch so klein, wurde gerade in der Corona-Pandemie deutlich: Garten ist viel mehr als Knautschzone ums Haus und sollte niemals ein vergrößertes Wohnzimmer sein. Garten ist Leben, da tut sich was!

Mit der Klimaerwärmung ändern sich auch die Niederschläge. Sie werden sich zukünftig anders verteilen und in ihrer Häufigkeit und Intensität regional stark variieren. Der so wertvolle gleichmäßige Landregen, der langsam ins Erdreich eindringt, wird seltener werden, so das Gros der Meteorologen. Starkregenereignisse werden sich häufen, denn eine wärmere Erdatmosphäre kann mehr Wasser aufnehmen, das dann spontan in Form von Niederschlag wieder abgegeben werden kann.

Von einem **Starkregen** spricht man, wenn innerhalb von 10 Minuten 10 Liter Wasser als Niederschlag auf einer Fläche von 1 m² niedergehen. Der Rekord liegt dabei bei 312 l/m² am 12. August 2002 in Zinnwald im Erzgebirge. Früher galt die Regel, dass ein Regen von etwa 80 l pro Tag oder mehr ein Jahrhundertereignis darstellt. Heute nicht mehr.

Auch gegen die negativen Folgen von Starkregenereignissen können wir einiges tun: Befestigte Flächen entsiegeln, sodass die Böden dort wieder Wasser aufnehmen können. Versickerungsbecken anlegen, beispielsweise in Form von Sumpfbeeten, in denen man so herrliche Pflanzen wie Etagen-Primeln oder Sumpf-Schwertlilien setzen kann. Regenwasser in Regentonnen oder Regenwassertanks sammeln. Gründächer anlegen, diese können bis zu 90 % des Regenwassers speichern.

Der Klimawandel hat, so wird prognostiziert, auch häufigere **Sturmereignisse** zur Folge. Also sollten wir auch hier vorausdenken. Idealerweise ist Windschutz gleichzeitig Bestandsschutz, Eigenschutz und Naturschutz. Dazu gehört, die vorhandenen Gehölze auf ihre Vitalität und Standfestigkeit zu prüfen, Totholz aus den Kronen zu entfernen, die Bäume auf Schadpilze, Misteln und Schädlinge zu überprüfen und gegebenenfalls eine Kronensicherung einzubauen oder etwa eine Kronenauslichtung bzw. Kroneneinkürzung vorzunehmen.

Im Garten helfen Gestaltungelemente wie Windbrecher in Form gestaffelt platzierter Hecken aus heimischen Wildgehölzen. Ziel ist es, den Wind abzuschwächen, nicht aufzuhalten, denn Frischluftzufuhr ist wichtig. Für neu gepflanzte Bäume sind Baumstützen Standard. Sie dienen nicht dazu, den Jungbaum vor dem Kippen oder Schiefstand zu bewahren, sondern die Fixierung soll verhindern, dass durch Bewegung permanent die wichtigen Faserwurzeln abgerissen werden, was den Baum in seinem Wachstum beeinträchtigen würde. Eine Ballenverankerung ist speziell für flachwurzelnde Gehölze ratsam.

Zukünftig wird auch vermehrt mit dem Auftreten neuer **Schädlinge** zu rechnen sein. Warenlieferungen in alle möglichen Länder und aus allen möglichen Erdteilen führen nicht selten zum Einschleppen unerwünschter blinder Passagiere, die sich unter Umständen bei uns wohlfühlen und ausbreiten können, da natürliche Gegenspieler fehlen. Mangelnde Artenvielfalt und über Monate hinweg offene Böden tragen dazu bei, dass bereits bekannte Schadorganismen zunehmend größere Schäden verursachen

Um unsere Gärten auf die zunehmende Häufung stressender Klima- und Wetterereignisse vorzubereiten, bieten sich unter anderem folgende Maßnahmen an:

- Befestigte Flächen reduzieren, auflockern beziehungsweise in teil- und unbefestigte Flächen umwandeln.
- Flachdächer begrünen.
- Mischkulturen forcieren.
- Größere Hangflächen mit Tiefwurzlern bepflanzen.
- Eine leicht erreichbare Kompoststelle anlegen.
- Pflegeaufwendige Gartenpflanzen Stück für Stück durch besser angepasste Arten ersetzen.
- Ökologisch gärtnern, um die Artenvielfalt zu fördern.
- Pflanzen nicht übermäßig pflegen und auf Perfektionismus verzichten, stattdessen mehr auf die natürliche Dynamik setzen.
- Pflanzflächen mulchen, am besten mit natürlichen Produkten aus dem eigenen Garten wie Grasschnitt oder Laub, um den Boden vor Austrocknung bzw. Abschwemmung zu schützen.
- Pflanzungen auf mehreren Ebenen, wie etwa Unterbepflanzungen von Solitärgehölzen, um die Bioproduktivität und Wasseraufnahmefähigkeit des Gartens zu erhöhen.
- Rasenflächen zugunsten pflegeleichter Staudenflächen oder Blumenwiesen verkleinern.
- Regentonnen und -sammler aufstellen.
- Überflutungsbereiche anlegen, Mulden und Versickerungsbereiche schaffen.
- Windbarrieren wie Hecken auch innerhalb des Gartens anlegen.

Gärten sind wahre Schatzkammern, viele zumindest. In einer Studie des Bundeslandwirtschaftsministeriums in Kooperation mit dem Bundesverband Deutscher Gartenfreunde wurden insgesamt 50 Hektar Kleingartenflächen untersucht und dabei über 2000 Kulturpflanzenarten – wohl gemerkt Arten! – ermittelt, von Sorten gar nicht zu reden.

Trauen Sie sich ruhig, experimentierfreudig zu sein. Warum nicht beispielsweise Kaki *(Diospyros kaki)*, Strauchmohn *(Romneya coulteri)* oder Indianerbanane *(Asimina triloba)* pflanzen? Manche Arten werden vielleicht eingehen oder die ersten heißen Sommer ganz ohne Gießen doch nicht überleben. Andere werden sich aber unerwartet wohlfühlen und sich prächtig ausbreiten, wie die Breitblättrige Platterbse *(Lathyrus latifolius)* in meinem Garten, die ich irgendwo setzte, wo gerade Platz war, die jetzt spontan an mehreren Stellen ihre herrlichen Schmetterlingsblüten zeigt.

Der Fokus der Pflanzenverwendung wird zunehmend auf Gehölzen und Stauden liegen, die mit intensiver Sonneneinstrahlung, Hitzeperioden und Trockenheit zurechtkommen. Einfach öfter den Wassersprenger einzuschalten, wird nicht die Lösung sein, denn auch Wasser ist kein unbegrenztes Gut. Und es wird um vieles schwieriger sein, den Standort an die gewünschte Pflanzenart anzupassen, als umgekehrt die passende Pflanze für den gegebenen Standort zu finden.

Um das Gießen werden wir dennoch nicht herumkommen. Zumindest so lange, bis die neuen Untermieter im Garten ordentlich eingewurzelt sind. Allgemein sollte beim Gießen gelten: wenn, dann ordentlich einwässern. Häufige kleine Wassergaben verwöhnen, die Pflanzen bilden ihre Wurzeln nur noch oberflächennah aus. Kommt die Hitzewelle und es ist gerade niemand zuhause, verdorrt wahrscheinlich vieles. Ausgiebiges Wässern in großen Abständen hingegen lässt die Feuchtigkeit tief in den Boden eindringen und bringt die Pflanzen dazu, tiefer zu wurzeln, was sie Trockenperioden besser überstehen lässt. Der ideale Zeitpunkt zum Gießen liegt in den frühen Morgenstunden. Zu dieser Zeit verdunstet am wenigsten Wasser, die Pflanzen nehmen es gut auf und überstehen so die sonnigen

Mittagsstunden. Der Abend ist zum Wässern ebenfalls geeignet. Die Pflanzen können sich über Nacht regenerieren.

Um den Garten für Hitze und Trockenheit zu wappnen, gibt es verschiedene Möglichkeiten:
- An vollsonnige Standorte nur hitze- und trockenheitstolerante Pflanzen setzen.
- Beim Kauf von Pflanzen regionale Produkte bevorzugen.
- Böden und Substrate oberflächlich lockern, das vermindert die Verdunstung.
- Durch frische Komposterde den Nährstoffgehalt des Bodens verbessern.
- Pflanzflächen mulchen. Mulch verringert den Wasserverlust und hält das Bodenleben aktiv.
- Bodenstruktur und Wasserhaltevermögen des Bodens durch Einarbeiten von Kompost und Aussaat von Gründüngung im Herbst verbessern.
- Den Kreislauf des Gartens nutzen, um etwa anfallende Biomasse wie Laub oder Kompost zu verwerten.
- Mischpflanzungen forcieren.
- Töpfe und Kübel zusammenstellen, windgeschützte Lagen bevorzugen.
- Schnittmaßnahmen und Rasenmähen bei Hitze und Trockenheit vermeiden.
- Gemischte Blütenhecken statt Formhecken vorsehen. Sie sind anspruchsloser, pflegeleichter und bieten zahlreichen Nützlingen Lebensraum.
- Mehr Pflanzen im Garten einplanen und dichter pflanzen.

Kleinklima

Die Erwärmung macht sich besonders in Städten bemerkbar. Wenig Luftbewegung, auch dadurch, dass Frischluftschneisen zugebaut werden, und Wärme abstrahlende Gebäude verstärken die Erwärmung, die den Gärten ein merklich wärmeres Kleinklima verpasst.

Zur Verbesserung des Kleinklimas haben wir verschiedene Möglichkeiten:
- Laubbäume anpflanzen. Sie sind nicht nur ideale Schattenspender, sondern kühlen darüber hinaus durch die Verdunstung ihre Umgebung.
- Gartenteiche und Feuchtbiotope anlegen. Das verdunstende Wasser wirkt kühlend.
- Bewachsene Flächen heizen sich unter Sonneneinwirkung weniger auf als Flächen mit Plattenbelägen, Kies oder Asphalt.
- Flachdächer bepflanzen. Die Vorteile gehen über ein verbessertes Kleinklima weit hinaus, so ein deutlich besseres Stadtklima, natürliche Regenwasserrückhaltung, Bindung von Schadstoffen, Verringerung der Staub- und Lärmbelastung, ein angenehmeres Klima im Inneren des Gebäudes, Energiekosteneinsparung, besserer Schutz der Dächer vor Wettereinflüssen und direkter Sonneneinstrahlung, die längere Haltbarkeit eines Gründaches gegenüber einem konventionellen Flachdach und natürlich die Optik. Aufgrund des Klimawandels sollte die Substratstärke auf begrünten Flachdächern mind. 15 cm betragen.

Den im Mittel höheren Temperaturen können wir nur entgegenwirken, indem wir das Kleinklima unserer Gärten verbessern und so viel wie möglich hitzeregulierende Maßnahmen durchführen.

Gewinner und Verlierer des Klimawandels

Wie zu erwarten, haben die Beobachtungen der letzten Jahre gezeigt, dass in Mitteleuropa wärme- und trockenheitsliebende Arten die Gewinner des Klimawandels sind. Von A wie *Acanthus* (Akanthus) bis Z wie *Ziziphus* (Jujube) werden sie im Hauptteil dieses Buchs vorgestellt.

Zu den Verlierern des Klimawandels gehören vor allem die Gebirgspflanzen und Arten des hohen Nordens. Unter den verbreiteten Gartenpflanzen sind Rhododendren (*Rhododendron* spec.) und Hortensien (*Hydrangea* spec.) besonders betroffen. Vielleicht konnten Sie das wie ich bereits selbst beobachten: Garten-Hortensien (*Hydrangea macrophylla*) haben die heißen Sommer der letzten Jahre nordseitig am Ende eines kühl-feuchten Grabens schadlos überstanden. Ein paar Hundert Meter weiter, an einer Stelle, wo der Boden länger beschienen wird, ist es nur 1–2 °C wärmer, aber die Hortensien zeigen drastische Welkeerscheinungen und braune Ränder, erholen sich bis in den Herbst nicht mehr und erscheinen von Jahr zu Jahr schwächer.

Weitere Verlierer des Klimawandels sind unter anderem Berg-Ahorn *(Acer pseudoplatanus)*, Eisenhut (*Aconitum* spec.), Herbst-Anemone (*Anemone*-Hybriden), Astilben oder Prachtspieren (*Astilbe* spec.), Riesensteinbrech (*Bergenia* spec.), Kaukasusvergissmeinnicht *(Brunnera macrophylla)*, großblättrige Glockenblumen-Arten (*Campanula* spec.), Silberkerze (*Cimicifuga* spec.), Waldrebe (*Clematis* spec.), Rittersporn (*Delphinium* spec.), Roter Fingerhut *(Digitalis purpurea)*, Buche *(Fagus sylvatica)*, Mädesüß (*Filipendula* spec.), Nelkenwurz (*Geum* spec.), Leberblümchen *(Hepatica nobilis)*, Nachtviole *(Hesperis matronalis)*, Funkie (*Hosta* spec.), Japanische Wachsglocke *(Kirengeshoma palmata)*, Taubnessel (*Lamium* spec.), Lärche *(Larix decidua)*, Vielblättrige Lupine *(Lupinus polyphyllus)*, Königsfarn *(Osmunda regalis)*, Zier-Knöterich (*Persicaria* spec.), Flammenblume oder Stauden-Phlox *(Phlox paniculata)*, Blaue Himmelsleiter *(Polemonium caeruleum)*, Schaublatt (*Rodgersia* spec.), Weiden (*Salix* spec.), Wiesenraute (*Thalictrum* spec.), Trollblume (*Trollius* spec.).

Das bedeutet aber nicht, dass wir diesen liebgewonnenen Pflanzen keinen Platz mehr im Garten einräumen sollten. Wir müssen uns nur mehr Gedanken machen, wohin wir diese setzen. Nordlagig, schattiger und frische, nicht trockene Böden sind die Parameter.

Zu den großen Verlierern des Klimawandels gehört auch unsere heimische Fichte *(Picea abies)*. Sie liebt luftfeuchte, kühle Höhenlagen und ist anfällig für Borkenkäfer und wegen ihres flachen Wurzelsystems auch windbruchgefährdet. Im Tiefland ist sie daher ungeeignet (und war es dort schon immer), was vor allem für die Forstwirtschaft von Bedeutung ist.

Ein weiterer Verlierer des Klimawandels ist der Rasen. Er wird durch das Anlegen von Bewässerungssystemen oder durch tägliches Pritscheln mit dem Drehregner künstlich am Leben erhalten. Vielleicht ist der Klimawandel auch die Chance, dass diese monotone Einheitstristesse mit kaum einem ökologischen Wert künftig in unseren Gärten weniger Raum einnimmt und dass stattdessen Blumenwiesen, Kräuterrasen, Mooswiesen, Staudenbeete und ähnliche, ökologisch wertvolle Lebensgemeinschaften entstehen. Wer nicht ganz auf einen «Rasen» verzichten will: Es gibt auch Alternativpflanzen mit tief reichenden Wurzeln für einen lebenden Teppich, der nur hie und da gemäht werden muss, etwa die Teppichverbene (*Phylla nodiflora* 'Summer Pearls') oder die Römische Kamille *(Chamaemelum nobile)*.

Pflanzenauswahl

In diesem Buch werden zahlreiche Pflanzen vorgestellt, die erfahrungsgemäß mit den neuen Bedingungen besser zurechtkommen als manch andere und dies sehr wahrscheinlich auch mit den zukünftig zu erwartenden tun werden. Es werden aber auch Pflanzen porträtiert, die nach wie vor heikel in unseren Breiten sind, aber vielleicht mehr Beachtung verdienen. Voraussetzung für einen Erfolg sind geeignete lokale Bedingungen. Lebt man an der Weinstraße in Baden-Württemberg, im südlichen Tessin oder am Neusiedlersee im Burgenland wird es keine sonderliche Herausforderung sein, die Jujube *(Ziziphus jujuba)* zu kultivieren. Hat man seinen Garten allerdings im Erzgebirge oder im Pongau, wird man auf Experimente mit solchen wärmeliebenden Arten verzichten müssen, kann dafür aber auf eine Reihe althergebrachter, liebgewonnener Pflanzen zurückgreifen.

Auch in klimatisch begünstigten Gebieten stellen manche hier vorgestellte Pflanzen wie etwa die Lotosblume *(Nelumbo nucifera)* eine Herausforderung dar. Aber experimentieren Sie ruhig!

Die Einteilung der Arten in Gehölze, Stauden und Einjährige/Zweijährige ist naturgegeben schwammig. Gehört nun Bohnenkraut *(Satureja montana)* zu den Gehölzen oder Stauden? Ich habe versucht, immer die Kategorie zu wählen, welche für die Pflanzenart am häufigsten genutzt wird. Auch wenn der Lavendel botanisch gesehen ein Gehölz ist, steht er trotzdem bei den Stauden, weil man ihn in Gärtnereien ebenfalls dort findet.

Im Gegensatz zu den wissenschaftlichen Namen, die eindeutig und überall gültig sind, unterscheiden sich die deutschen Pflanzennamen mitunter nicht nur von Land zu Land, sondern können dies auch von Region zu Region tun, und bei den Gartenpflanzenanbietern heißt eine Art möglicherweise noch einmal anders. Bitte orientieren Sie sich im Zweifel an den wissenschaftlichen Namen.

Bei der Auswahl der deutschen und wissenschaftlichen Namen habe ich mich an der «Enzyklopädie der Pflanzennamen» von Zander (2008) orientiert (verbreitete Synonyme sind angegeben).

Die Informationen zum Nutzen einer Pflanze sind zusammengestellt aus zahlreichen Werken, so der «Enzyklopädie der Gartengehölze» von Bärtels & Schmidt (2014), der «Enzyklopädie der Wildobst- und seltenen Obstarten» von Pirc (2015), der «List of names of Woody Plants – International standard ENA 2016–2020» von Hoffman usw.

Unter «Weitere Arten» werden Pflanzen abgebildet, die zur gleichen Gattung gehören und die sich ebenfalls als klimawandelfit herausgestellt haben. War das bei einzelnen Gattungen nicht möglich, wurden Arten aus derselben Familie ausgesucht. In Ausnahmefällen, wie etwa bei Gattungen, die nur eine Art beinhalten, zeigen die Fotos weitere Merkmale wie beispielsweise Blüten, Früchte oder Herbstfärbung des Laubs der betreffenden Art.

Winterhärtezonen

Die Winterhärtezonen helfen uns bei der Auswahl geeigneter Gartenpflanzen. Die untenstehende Tabelle gibt einen ersten Überblick.

Im Internet findet man die Einteilung der Winterhärtezonen auf der Seite des Deutschen Wetterdienstes. Kriterium ist jeweils das mittlere absolute Minimum der Lufttemperatur, welches für das Überleben oder Nichtüberleben von Pflanzen im Winter entscheidend ist. Auf der Winterhärtezonenkarte kann man nachsehen, ob es sinnvoll ist, die eine oder andere Art in der jeweiligen Region zu kultivieren oder eher nicht. Direkt an der Küste und auf den Nordseeinseln fällt die Temperatur nie unter –9,4 °C, das entspricht einer Winterhärtezone 8b, während in den Inneralpen, mit Temperaturen unter –23,3 °C, mit Winterhärtezone 6a zu rechnen ist.

Neben diesem Großklima spielt auch das Kleinklima für den jeweiligen Ort und Gartenstandort eine Rolle für das Überleben der jeweiligen Pflanze. Ist der Boden schwer oder durchlässig, der Standort windausgesetzt oder windgeschützt, erreicht im Winter die Morgensonne die Pflanze, und einiges mehr spielt ebenfalls eine Rolle.

Und ganz wichtig, wie viel Zeit hatte die Pflanze zum Einwurzeln, bevor der erste Frost kam? Grundsätzlich sollte man kälteempfindliche Pflanzen immer im Frühling setzen, damit sie genügend Zeit haben, sich einzuwurzeln und widerstandsfähiger gegenüber der Kälte zu werden. Wenn im Oktober die Pampasgräser mit ihren schönen Blütenwedeln im Pflanzenhandel zu finden sind, ist es denkbar ungünstig, diese auszusetzen. Man sollte sie, so wie viele andere Wärmeliebende, im Frühling setzen, auch wenn sie dann noch nichts von ihrer Pracht zeigen.

Winterhärtezone	Minimum-Temperaturbereich	Beispielhafte Region
1	unter –45,5 °C	Nordostsibirien
2	–45,5 °C bis –40,1 °C	Sibirien
3	–40,0 °C bis –34,5 °C	Nordskandinavien
4	–34,4 °C bis –28,9 °C	Mittelnorwegen
5a	–28,8 °C bis –26 °C	Baltikum
5b	–25.9 °C bis –23,4 °C	
6a	–23,3 °C bis –20,6 °C	Ostdeutschland
6b	–20,5 °C bis –17,8 °C	
7a	–17,7 °C bis –15 °C	Westdeutschland
7b	–14,9 °C bis –12,3 °C	
8a	–12,2 °C bis –9,5 °C	Frankreich
8b	–9,4 °C bis –6,7 °C	
9	–6,6 °C bis –1,2 °C	Italien
10	–1,1 °C bis +4,4 °C	Mittelmeerküsten
11	über 4,4 °C	Mittelmeerinseln

Ein- und zweijährige Arten

Einjährige und zweijährige Pflanzen sind die schnellen Helfer und Zierer im Garten. Ihr Lebenszyklus ist kurz, entsprechend schnell müssen sie zur Blüte und zum Fruchten gelangen. Wir Menschen nutzen dies, um rasch unsere Gärten zu schmücken und auch für Flächen einen Bewuchs zu haben, die rasch einer Änderung unterliegen. Für alle Gartenbelange hat die Natur die richtigen Pflanzen zu bieten.

Neben den liebgewonnenen Ein- und Zweijährigen, die wir in unsere Blumenkästen und Hängeampeln setzen, sind es vor allem die «wilden» Kurzlebigen, die wertvoll sind. Denn sie brauchen nur an Ort und Stelle ausgesät zu werden, und der Rest geht von allein. So schützen diese Arten besonders schnell den Boden vor direkter Sonneneinstrahlung und Ausschwemmung. Bei genügend offenen Stellen im Erdreich samen sie sich selbstständig wieder aus und zeigen sich von Jahr zu Jahr in unterschiedlicher Zusammensetzung.

Steckbrief 30–90 cm hohe, steif aufrechte, rau behaarte Mehrjährige mit leuchtend blauen, 5-zähligen Blüten, diese 8–12 mm im Durchmesser. Blätter lanzettlich. Klausenfrucht aus mehreren Teilfrüchten.

Verbreitung Beheimatet im weiten Mittelmeergebiet.

Standort & Boden Liebt durchlässige, sandreiche, mäßig nährstoffreiche, trockene Böden in sonniger und warmer Lage.

Eigenschaften Kurzlebig, winternässeempfindlich, trockenheitsverträglich, Rückschnitt nach der ersten Blüte bewirkt Nachblüte.

Im Garten Ruderale Blumenwiesen, Steinhaufen, mediterrane Gärten, Sandrasen.

Kulturpflanze Seit spätestens 1597 in gärtnerischer Kultur. Vor allem in kompakteren Sorten wie 'Dropmore', 'Royal Blue' oder 'Loddon Royalist' kultiviert.

Vermehrung Aussaat im zeitigen Frühjahr. Teilung und Wurzelschnittlinge im Winter möglich.

Geeignete Partner Kleine Wachsblume *(Cerinthe minor)*, Felsen-Fingerkraut *(Potentilla rupestris)*, Roter Natternkopf *(Echium maculatum)*, Rosmarin-Weidenröschen *(Epilobium dodonaei)*, Hohe Bart-Iris *(Iris barbata-elatior)*, Ungarischer oder Grauer Andorn *(Marrubium peregrinum)*, Türkischer Mohn *(Papaver orientale)*, Prächtige Königskerze *(Verbascum speciosum)*.

Nutzen

Wildtiere: *Andrena nasuta*, eine Sandbienenart, und *Colletes nasutus*, eine Seidenbiene, verproviantieren ihre Brutzellen ausschließlich mit Ochsenzungen-Pollen. Auch für mehrere Pelzbienen-Arten ist der Ochsenzungen-Pollen von Bedeutung. Honigbienen, Ackerhummel, Wiesenhummel, Mooshummel, Waldhummel und Steinhummel sammeln Pollen und Nektar.
Futterpflanze z. B. für die Raupen der Gelbfleck-Waldschatteneule *(Euplexia lucipara)* und der Grünlichen Erdeule *(Actebia praecox)*.

Weitere Arten:

Echte Ochsenzunge
(Anchusa officinalis)

Kaukasusvergissmeinnicht
(Brunnera macrophylla)

Barrelier-Ochsenzunge
(Cynoglottis barrelierii)

Italienische Ochsenzunge

Anchusa azurea
(Raublattgewächs)

Winterhärtezone: 8
Blütezeit: Mai–August

Steckbrief 25–40 cm hohe, durchwegs einjährig kultivierte Art mit glatten oder krausen Blättern und dicken, oft bunt gefärbten Blattstielen und Adern. Blüten unscheinbar, in Knäueln in den Achseln der Tragblätter sitzend.

Verbreitung Die Ausgangsform, die Wilde Rübe (subsp. *maritima*), wächst an den europäischen und kleinasiatischen Meeresküsten, nördlich bis Südnorwegen und Schottland.

Standort & Boden Liebt durchschnittliche, frische, gerne auch salzhaltige Gartenböden und helle Standorte.

Eigenschaften Salzliebend, wurzelt etwa 50 cm tief. Weiße Sorten ertragen bis zu –14 °C, gelbe und rote Sorten bis zu –4 °C.

Im Garten Bauerngarten, Gemüsebeet, Einjährigen-Zierbeete, Tröge, Blumenkästen.

Kulturpflanze Sowohl Gemüse- als auch Zierpflanze. *Beta vulgaris* konnte in einer holländischen Küstensiedlung aus der Jungsteinzeit nachgewiesen werden. Bis ins 16. Jh. war Mangold eine beliebte Gemüseart Europas, bis er vom Spinat abgelöst wurde.

Vermehrung Am besten Aussaat von April bis Juli.

Geeignete Partner Artischocke (*Cynara cardunculus* subsp. *scolymus*), Rote Spargelerbse *(Lotus tetragonolobus)*, Blut-Ampfer *(Rumex sanguineus)*, Aubergine *(Solanum melongena)*, Litschi-Tomate *(Solanum sisymbriifolium)*, Dicke Bohne *(Vicia faba)*.
Günstige Partner im Gemüsegarten sind Basilikum, Erbse, Gartenbohne, Gurke, Karotte, Knoblauch, Kohl, Kopfsalat, Mairübe, Rettich, Salat und Zwiebel, ungünstig hingegen Guter Heinrich, Kartoffel, Mais, Porree, Sellerie und Spinat.

Nutzen
Boden: Mangold verbessert die Bodenstruktur, indem er Stoffe an den Boden abgibt, die zusätzliche Poren entstehen lassen und den Boden dadurch speicherfähiger machen.
Gemüsepflanze: Dank seiner ausgewogenen Zusammensetzung kann das reichlich in Mangold enthaltene Eisen vom menschlichen Organismus gut aufgenommen werden. Enthält Oxalsäure.
Wildtiere: Futterpflanze für die Raupen mehrerer Schmetterlingsarten, die teilweise auch als Schädlinge auftreten: Saateule *(Agrotis segetum)*, Gammaeule *(Autographa gamma)*, Kohleule *(Mamestra brassicae)*, Knöterich-Seidenglanzeule *(Spodoptera exigua)*.

Weitere Arten:

Rote Bete, Rote Rübe
(*Beta vulgaris subsp. vulgaris* Conditiva-Gruppe)

Garten-Melde
(Atriplex hortensis)

Blut-Ampfer
(Rumex sanguineus)

Mangold

Beta vulgaris* subsp. *vulgaris
Cicla-Gruppe
(Amarantgewächs)

Winterhärtezone: leichte bis mittlere Fröste ertragend
Blütezeit: Juli–September

Echte Ringelblume

Calendula officinalis
(Korbblütler)

Winterhärtezone: 6
Blütezeit: Juni–Oktober

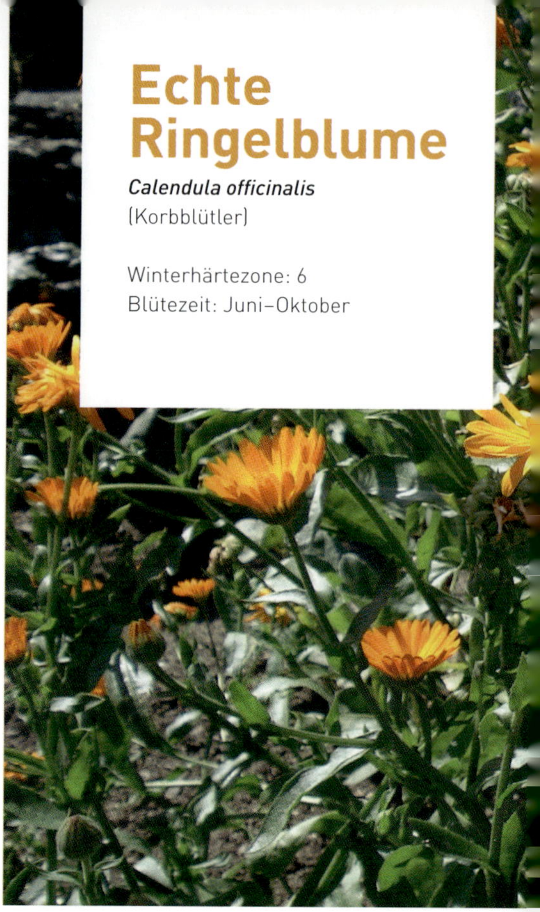

Steckbrief 10–50 cm hohe Ein- bis Zweijährige. Blätter schmal zungenförmig. Blütenkörbe orange oder gelb, 4–6 cm im Durchmesser, Zungenblüten mindestens doppelt so lang wie die Hülle. Fruchtstand aufrecht, Früchte einwärts gekrümmt.

Verbreitung Nur als Kulturpflanze bekannt. Möglicherweise hybridogen aus den westmediterranen Arten *Calendula incana* × *C. suffruticosa* entstanden.

Standort & Boden In jedem normalen Gartenboden in sonniger Lage.

Eigenschaften Mehltaugefährdet.

Im Garten Bauerngarten, Arzneigarten, Erdhaufen, Einjährigenbeet.

Kulturpflanze Die ersten Nachrichten über die Art in Mitteleuropa stammen aus dem frühen Mittelalter. Um das Jahr 900 berichtet der Mönch Notker, im 12. Jh. erwähnt sie Hildegard von Bingen. Infolge ihres medizinischen Nutzens und ihrer Anspruchslosigkeit wurde die Ringelblume zu einer der häufigsten Gartenblumen. Züchtungsarbeit setzte erst Mitte des 19. Jh. ein. Zahlreiche Sorten, so 'Fiesta Gitana' mit gefüllten Blüten, 'Ivory Princess' mit blassgelben Blüten, 'Orange Flash' mit orangen, halbgefüllten Blüten, 'Red Buff' mit hellgelben Zungenblüten und rostroter Unterseite und 'Softeis' mit cremegelben, halbgefüllten Blüten.

Vermehrung Aussaat von März bis Juni direkt an Ort und Stelle.

Geeignete Partner Garten-Stockrose *(Alcea rosea)*, Borretsch *(Borago officinalis)*, Spinnenblume *(Cleome hassleriana)*, Garten-Schmuckkörbchen *(Cosmos*

Weitere Arten:

Gelbes Schmuckkörbchen
(Cosmos sulphureus)

Schmalblättrige Studentenblume
(Tagetes tenuifolia)

Mexikanische Sonnenblume
(Tithonia rotundifolia)

bipinnatus), Scharlach-Monarde *(Monarda didyma)*, Mutterkraut *(Tanacetum parthenium)*.
Günstige Partner im Kräuter- und Gemüsegarten sind Basilikum, Bohne, Erbse, Kartoffel, Kohl, Spargel und Tomate.

Nutzen

Boden – biologischer Pflanzenschutz: Ringelblumen fungieren als «Bodendoktor». Sie bekämpfen schädliche Wurzelälchen, die oftmals für Kümmerwuchs und verkrüppeltes Wurzelgemüse verantwortlich sind. Ringelblumen gaukeln den Nematoden vor, dass in ihrer Nähe eine Wirtspflanze wächst. Die Schädlinge werden aktiv; weil es aber kein wirklicher Wirt ist, sterben sie ab. Aussaat zur Bodenregenerierung von Ende März bis Mitte September, 6 g/m^2. Ringelblumen-Jauche, 1:10 verdünnt, stärkt die Widerstandskraft von Gemüse, Blumen und Obst.
Wildgemüse: Ringelblumenblüten dienen als hübsche Speisedekoration und zur Teebereitung, mancherorts aber auch zur Fälschung des teuren Safrans.
Arzneipflanze: Ringelblume wirkt antibakteriell, entzündungshemmend, krampflösend und wundheilend. Bei offenen Wunden wird sie eingesetzt, um eine Entzündung zu verhindern. Eine zerdrückte Blüte auf der Haut hilft bei Wespen- oder Bienenstichen. Die Blätter und Blüten sind in der Kosmetik Bestandteil vieler pflegender Hautcremes, und eine Tinktur hilft nach einem Sonnenbrand bei der Bildung neuer Haut. Geerntet wird sie zur Mittagszeit, einzeln getrocknet, dann luftdicht und dunkel gelagert.
Färbepflanze: In der Lebensmittelindustrie zum Färben von Käse und Butter eingesetzt.
Wildtiere: Futterpflanze unter anderem für die Raupen von Bilsenkraut-Sonneneule *(Heliothis peltigera)* und Gelbem Fleckleibbär *(Spilosoma lutea)*. Wertvoller Nahrungsspender für Insekten wie Honigbienen, Furchenbienen, Löcherbienen, Schwebfliegen, Bockkäfer, Blattkäfer und Schmetterlinge, so Goldene Acht, Hecken-Weißling, Tagpfauenauge, Kleiner Fuchs, Großes Ochsenauge, Schwalbenschwanz, Distelfalter, Brauner Waldvogel und Taubenschwänzchen.

Thörmers Distel

Carduus thoermeri
(Korbblütler)

Winterhärtezone: 5
Blütezeit: Juni–September

Steckbrief 30–100 cm hohe Zweijährige mit fast bis zu den Blütenköpfen beblätterten und stachelig geflügelten Stängeln. Blütenkörbe 3–6 cm im Durchmesser, aufrecht am Ende der Zweige.

Verbreitung Südosteuropäische Art.

Standort & Boden Liebt helle, vollsonnige Standorte und trockene, kalkhaltige, steinige, nährstoffreiche Böden.

Eigenschaften Schwermetalltolerant.

Im Garten Kiesrasen, Erdhaufen, Vogelgarten.

Kulturpflanze Obwohl es sich um eine ausgesprochen adrette Zierpflanze von der Knospe bis zum Fruchtstadium handelt, kaum in gärtnerischer Kultur. Saatgut nur schwer erhältlich.

Vermehrung Am einfachsten Aussaat gleich nach der Fruchtreife. Selbstaussaat häufig. Samen bleiben über mehrere Jahrzehnte keimfähig.

Geeignete Partner Echte Ochsenzunge *(Anchusa officinalis)*, Echter Wermut *(Artemisia absinthium)*, Rundköpfige Kugeldistel *(Echinops sphaerocephalus)*, Schwarzes Bilsenkraut *(Hyoscyamus niger)*, Knollen-Platterbse *(Lathyrus tuberosus)*, Dornige Hauhechel *(Ononis spinosa)*, Quirl-Salbei *(Salvia verticillata)*.

Weitere Arten:

Anatolische Distel
(Carduus leiophyllus)

Nickende Distel
(Carduus nutans)

Kletten-Distel
(Carduus personata)

Nutzen

Wildtiere: Disteln bieten zahlreichen Tieren Heim und Nahrung. Bienen, langrüsselige Hummeln und Schwebfliegen sammeln den Pollen, der süße Duft des Nektars lockt Ameisen an, genauso wie Waldteufel, Großen Perlmuttfalter und verschiedene Arten aus der Gruppe der Ritterfalter, Weißlinge, Edelfalter, Augenfalter, Bläulinge, Dickkopf-, Schiller-, Schecken- und Perlmuttfalter.
Für einige auch im Siedlungsbereich vorkommende Hummelarten wie Acker-, Garten- und Steinhummel zählen Disteln zu den Haupttrachtpflanzen. Auf Disteln und Flockenblumen spezialisiert ist unter anderem die Steinbiene *Lithurgus chrysurus*. Häufig auf Disteln anzutreffen ist die Distelnetzwanze *(Tingis cardui)*. *Carduus*-Arten sind Raupenfutterpflanzen unter anderem für den Distelfalter. Distelfrüchte sind ölreich und daher wertvoll für Körnerfresser wie den Distelfink.

Wegerich-Natternkopf

Echium plantagineum
(Raublattgewächs)

Winterhärtezone: 9a
Blütezeit: April–Juni

Steckbrief 30–80 cm hohe Ein- bis Zweijährige mit Pfahlwurzel. Grundblätter rosettig angeordnet, gestielt, Spreite wegerichartig mit deutlicher Nervatur. Krone intensiv violettblau, 18–30 mm lang.

Verbreitung Beheimatet im Mittelmeer- und Schwarzmeergebiet von den Kanaren bis Syrien.

Standort & Boden Liebt normale, ziemlich trockene Gartenböden und vollsonnige, warme Standorte.

Eigenschaften Verträgt eine einmalige Mahd im Jahr ab etwa Juli.

Im Garten Sandrasen, Steinrasen, trockene Böschungen, extensive Blumenwiesen, Bienengarten.

Kulturpflanze Seit spätestens 1658 in gärtnerischer Kultur.

Vermehrung Am einfachsten Aussaat gleich nach der Fruchtreife. Aussaat im Frühjahr bringt noch im gleichen Jahr eine Blüte. Wärme- und Lichtkeimer. Regelmäßig Selbstaussaat.

Geeignete Partner Esparsetten-Tragant *(Astragalus onobrychis)*, Sand-Nelke *(Dianthus arenarius)*, Rosmarin-Weidenröschen *(Epilobium dodonaei)*, Gelbe Hauhechel *(Ononis natrix)*, Sand-Lotwurz *(Onosma arenaria)*, Großblütiger Breitsame *(Orlaya grandiflora)*, Einjährige Spreublume *(Xeranthemum annuum)*.

Nutzen

Boden: Die Pfahlwurzel reicht tief, lockert den Boden und festigt gleichzeitig Böschungen.
Wildtiere: Natternkopf-Arten sind gute Bienenweiden und wertvolle Pollen- und Nektarspender für Wildinsekten. Überlebenswichtig ist der Blütenstaub für drei Mauerbienen-Arten, so die Natternkopf-Mauerbiene *(Osmia adunca)*. Zahlreiche Wildbienenarten konnten bisher pollensammelnd auf Natternkopf beobachtet werden.
Futterpflanze unter anderem für die Raupen von Zimtbär *(Phragmatobia fuliginosa)*, Messingeule *(Diachrysia chrysitis)*, Grünlicher Erdeule *(Actebia praecox)*, Breitflügeligem Fleckleibbär *(Spilosoma lubricipeda)*, Distelfalter *(Vanessa cardui)*, Gelbfleck-Waldschatteneule *(Euplexia lucipara)*, Hauhechel-Sonneneule *(Heliothis ononis)*, Sandrasen-Braunstreifenspanner *(Synopsia sociaria)*, Punktbär *(Utetheisa pulchella)* und Russischem Bär *(Euplagia quadripunctaria)*.

Weitere Arten:

Madeira-Natternkopf
(Echium candicans)

Roter Natternkopf
(Echium maculatum)

Echter Natternkopf
(Echium vulgare)

Orangerote Emilie

Emilia coccinea
(Korbblütler)

Blütezeit: Juni–September

Steckbrief 15–50 cm hohe Einjährige mit stängelumfassenden, spatel- bis spießförmigen Blättern. Blütenkörbe orangerot, ohne Zungenblüten.

Verbreitung Beheimatet im tropischen Afrika.

Standort & Boden Liebt vollsonnige Standorte und normale Gartenböden.

Eigenschaften Hitzeverträglich.

Im Garten Sommerblumenbeet.

Kulturpflanze Seit etwa 1800 in gärtnerischer Kultur.

Vermehrung Aussaat ab Mai direkt ins Freiland oder Vorkultur ab April.

Geeignete Partner Herbst-Adonisröschen *(Adonis annua)*, Sommeraster *(Callistephus chinensis)*, Kornblume *(Centaurea cyanus)*, Spinnenblume *(Chleome hassleriana)*, Texasstern *(Lindheimera texana)*, Großblütiger Lein *(Linum grandiflorum)*, Jungfer im Grünen *(Nigella damascena)*, Klatsch-Mohn *(Papaver rhoeas)*, Garten-Strohblume *(Xerochrysum bracteatum)*, Zinnie *(Zinnia elegans)*.

Nutzen
Wildgemüse: Die Blätter sind als Salat oder Gemüse nutzbar.
Arzneipflanze: In ihrer Heimat traditionell eingesetzt bei Durchfall, Verletzungen, Sehproblemen und Hormonstörungen.
Wildtiere: Beliebte Bienenweide, auch für Schwebfliegen und andere Insekten.

Weitere Arten:

Texasstern
(Lindheimera texana)

Kapkörbchen
(Osteospermum ecklonis)

Garten-Strohblume
(Xerochrysum bracteatum)

Kronen-Wucher-blume

Glebionis coronaria
(Korbblütler)

Blütezeit: Juni–September

Steckbrief 20–60 cm hohe Einjährige. Blätter doppelt fiederteilig, fleischig, wohlschmeckend. Blütenkörbe gelb mit weißlichem Rand (var. *discolor*) oder komplett gelb (var. *coronaria*), 3–5 cm im Durchmesser.

Verbreitung Heimisch im Mittelmeergebiet, östlich bis Pakistan. Richtige Beliebtheit fand sie aber erst in Japan und China, wo sie auch heute noch eine vielgezogene, beliebte Salatpflanze ist.

Standort & Boden Für jeden normalen Gartenboden in sonniger Lage.

Eigenschaften Regelmäßiger Rückschnitt lässt die Pflanzen buschiger werden und garantiert weitere reiche Ernte.

Im Garten Gemüsegarten, Einjährigenbeet, Bauerngarten, Blumenkasten.

Vermehrung Aussaat direkt an Ort und Stelle von Ende März bis Anfang September. Dunkelkeimer, das Saatgut sollte mit Erde abgedeckt werden.

Geeignete Partner Weitere Arten mit essbaren Blüten, so Zahnstocher-Knorpelmöhre *(Ammi visnaga)*, Gelbe Junkerlilie *(Asphodeline lutea)*, Spinnenblume *(Cleome hassleriana)*, Garten-Schmuckkörbchen *(Cosmos bipinnatus)*, Türkischer Drachenkopf *(Dracocephalum moldavicum)*, Lindheimer-Prachtkerze *(Gaura lindheimeri)*, Garten-Springkraut *(Impatiens balsamina)*, Bunte Wucherblume

Weitere Arten:

Saat-Wucherblume
(Glebionis segetum)

Saat-Wucherblume
(Glebionis segetum 'Eastern Star')

Mutterkraut
(Tanacetum parthenium)

(Ismelia carinata), Großblütiger Lein *(Linum grandiflorum)*, Portulakröschen *(Portulaca grandiflora)*, Garten-Stiefmütterchen *(Viola ×wittrockiana)*.

Nutzen

Wildgemüse: Genießbar an der Pflanze ist alles – Blätter, junge Triebe, Knospen und Blüten. Die Blätter schmecken leicht scharf und eignen sich vortrefflich als Beimischung zu neutralen Salaten. Die jungen Triebe können roh, gekocht, frittiert oder gedünstet genossen werden. Roh enthalten sie die meisten Vitamine (bis zu 45 mg Vitamin C pro 100 g), Calcium und Folsäure. Frisch gehackt ersetzen die würzigen Triebe Petersilie, Blüten im Reis erhöhen den geschmacklichen und optischen Reiz.

Wildtiere: Wertvolle Insektennährpflanze, so für fünf Schwebfliegen-Arten, Echte Fliegen, Wildbienen und Bockkäfer.

Kranz-Kuckucks-nelke

Lychnis coronaria
(Nelkengewächs)

Winterhärtezone: 4
Blütezeit: Juni–August

Steckbrief 30–90 cm hohe, zweijährige Staude. Im 1. Jahr bildet die Pflanze filzig-graue Blattrosetten, im 2. Jahr wachsen daraus die Blütenstängel. Die Blätter sind breit lanzettlich und immergrün, die Blüten kräftig purpurn, 5-zählig, 2–3 cm im Durchmesser.

Verbreitung Südeuropäisch-westasiatische Art von der Apenninenhalbinsel bis Anatolien und durch eine große Lücke getrennt in den westasiatischen Bergländern.

Standort & Boden In jedem normalen Gartenboden, besonders in frischen bis mäßig trockenen, nährstoffarmen bis mäßig nährstoffreichen, sandig-humosen Böden in sonniger Lage.

Eigenschaften Herbstlicher Rückschnitt bis zu den Grundblättern empfehlenswert.

Im Garten Bauerngarten, Blumenwiese, Kiesrasen, Säume, Naturgarten.

Kulturpflanze Seit mindestens 1410 in gärtnerischer Kultur. In mehreren Auslesen, so 'Abbotswood Rose' mit rosa Blüten, 'Angels Blush' mit weißen Blüten und rosa Auge, 'Alba' mit reinweißen Blüten, 'Gardeners World' mit purpurnen, gefüllten Blüten.

Vermehrung Am einfachsten Aussaat im April/Mai oder Stockteilung im Frühling. Selbstaussaat.

Weitere Arten:

Scharlach-Lichtnelke
(Lychnis ×haageana)

Jupiter-Lichtnelke
(Lychnis flos-jovis)

Blutrotes Leimkraut
(Silene asterias)

Geeignete Partner Blasse Stockrose *(Alcea biennis)*, Gelber Lauch *(Allium flavum)*, Knäuel-Glockenblume *(Campanula glomerata)*, Rote Spornblume *(Centranthus ruber)*, Blaue Kugeldistel *(Echinops ritro)*, Bunte Schwertlilie *(Iris variegata)*, Thüringer Strauchpappel *(Malva thuringiaca*, Syn. *Lavatera thuringiaca)*, Narbonner Lein *(Linum narbonense)*, Punktierter Gilbweiderich *(Lysimachia punctata)*, Echte Eselsdistel *(Onopordum acanthium)*, Klatsch-Mohn *(Papaver rhoeas)*.

Nutzen

Wildtiere: Die stark behaarten Blätter nutzen die Weibchen der Großen Wollbiene, um ihre Brutzellen weich zu betten. Sie rollen die Haare zu Bällchen und transportieren diese in ihre Heimstätte. Den Nektar der Blüten nutzen viele Schmetterlinge, so Zitronenfalter, Schwalbenschwanz, Segelfalter, Schachbrett und Kleiner Fuchs.

Wilde Malve

Malva sylvestris
(Malvengewächs)

Winterhärtezone: 5
Blütezeit: lang, Juni–Oktober

Steckbrief 20–100 cm hohe, zweijährige bis ausdauernde Staude mit gelappten Stängelblättern. Kronblätter rosa, dunkelpurpurn genervt bis gezeichnet, deutlich ausgerandet, 20–30 mm lang.

Verbreitung Beheimatet vom Mittelmeergebiet bis Mittelasien. Genaue Arealgrenzen wegen ihrer langen Kultur schwer feststellbar.

Standort & Boden Liebt nährstoffreiche Böden in sonniger Lage, kommt aber auch mit jedem normalen Gartenboden zurecht.

Eigenschaften Rückschnitt gleich nach der Blüte bewirkt Nachblüte.

Im Garten Bauerngarten, Naturgarten, Arzneibeet, ehemalige Mist- oder Komposthaufen.

Kulturpflanze Seit spätestens 1587 in gärtnerischer Kultur. In einigen Sorten, so 'Marina' und 'Primley Blue' mit violetten, dunkel genervten Blüten und 'Zebrina' mit rosa, auffällig purpurn genervten Blüten.

Vermehrung Einfach durch Samen. Wärme- und Dunkelkeimer. Samen bleiben über Jahrzehnte keimfähig. Selbstaussaat.

Geeignete Partner Echter Erdbeerspinat *(Blitum virgatum*, Syn. *Chenopodium foliosum)*, Echte Hundszunge *(Cynoglossum officinale)*, Wolliger Fingerhut *(Digitalis lanata)*, Rundköpfige Kugeldistel *(Echinops sphaerocephalus)*, Wegerich-Natternkopf *(Echium plantagineum)*, Gelbe Hauhechel *(Ononis natrix)*, Großblütige Königskerze *(Verbascum densiflorum)*.

Weitere Arten:

Siegmars-Malve
(Malva alcea)

Moschus-Malve
(*Malva moschata* fo. *alba*)

Präriemalve
(Sidalcea malviflora)

Nutzen

Wildgemüse: Junge Blätter und Triebe im April/Mai roh oder gekocht zu Salaten oder Gemüsegerichten. Frisch geöffnete, essbare Blüten zur Teebereitung und zur Zierde in Salaten usw. Früchte können roh («Kaspappen»), die Wurzeln im Herbst gekocht gegessen werden.
Arzneipflanze: Blüten- und Blattdroge haben aufgrund ihres hohen Schleimstoffgehalts eine reizlindernde Wirkung bei Schleimhautentzündungen von Magen und Darm, bei Katarrhen der oberen Atemwege und bei Reizungen im Mund- und Rachenraum.
Tierheilkunde: Innerlich in der Tierheilkunde bei Durchfall, Koliken und Entzündungen der Maul- und Rachenschleimhaut eingesetzt, äußerlich unter anderem bei Hautentzündungen und Geschwüren.
Färbepflanze: Die Blüten dienen als natürlicher Farbstoff. Aus der ganzen Pflanze und den Samen wird ein gelblicher bis grünlicher Farbstoff extrahiert. Farbstoffe aus den Blüten ergeben bei alaungebeizter Wolle einen Rosenholzton. Eine Tinktur aus Wild-Malven kann als empfindlicher Säure-Basen-Indikator eingesetzt werden: Bei Vorhandensein von Alkalien verfärbt sich die Tinktur blau.
Wildtiere: Malven sind Futterpflanzen unter anderem für die Raupen von Malven-Dickkopffalter *(Carcharodes alceae)*, Steppenheiden-Würfel-Dickkopffalter *(Pyrgus carthami)* und Malveneule *(Acontia lucida)*. Das Zweifarbige Malven-Spitzmäuschen *(Malvapion malvae)*, eine Käferart, ist auf Malven angewiesen.
Wertvolle Nahrungspflanze für Insekten. Neben Garten-, Stein-, Acker- und Waldhummeln können auch regelmäßig Masken-, Sand-, Furchen-, Blattschneider-, Mauer-, Scheren- und Wespenbienen beim Blütenbesuch beobachtet werden. Die Langhornbiene *Eucera macroglossa* ernährt sich ausschließlich von Malven.
Die Blüten fungieren als Schlafplatz für viele Insekten.
Malvenfrüchte dienen zahlreichen Insekten, besonders der Echten Feuerwanze *(Pyrrhocoris apterus)*, als Nahrung.
Des Weiteren wertvolle Futterpflanze für Wildvögel, allen voran für Distel- und Grünfink.

Steckbrief 15–40 cm hohe Einjährige mit auffallender Hochblatthülle unterhalb der Blüten. Blätter fiederteilig mit linealischen Zipfeln. Hochblätter 1- bis 2-fach gefiedert mit pfriemlichen Blattzipfeln. Perigonblätter blau, seltener weiß. Fruchtblätter 3–5, außer den Narben zur Gänze miteinander verwachsen.

Verbreitung Beheimatet im Mittelmeergebiet, östlich bis in den Westiran. Ins Gebiet gelangte die Art Anfang des 16. Jh. durch venezianische Levantehändler, was den Zweitnamen Damaskus-Schwarzkümmel erklärt.

Standort & Boden Für jeden normalen Gartenboden in sonniger Lage.

Eigenschaften Hitzetolerant, auch Stauhitze relativ gut ertragend. Giftig.

Im Garten Einjährigenbeet, Bauerngarten, Kiesgarten, lockere Blumenwiesen.

Kulturpflanze In Deutschland wird die Pflanze erstmals 1539 von Hieronymus Bock beschrieben. Ende des 16. Jh. war sie in mitteleuropäischen Gärten bereits weit verbreitet und blieb über Jahrhunderte hinweg eine beliebte Sommerblume.

Vermehrung Aussaat im Frühling. Dunkel- und Wärmekeimer.

Geeignete Partner Herbst-Adonisröschen *(Adonis annua)*, Weinberg-Lauch *(Allium vineale)*, Orient-Meier *(Asperula orientalis)*, Acker-Rittersporn *(Consolida regalis)*, Sichelmöhre *(Falcaria vulgaris)*, Echter Erdrauch *(Fumaria officinalis)*, Venus-Frauenspiegel *(Legousia speculum-veneris)*, Acker-Wachtelweizen *(Melampyrum arvense)*, Klatsch-Mohn *(Papaver rhoeas)*.

Nutzen

Wildgewürz: Die Samen haben ein waldmeisterartiges Aroma und eignen sich zum Würzen von Kürbis, Auberginen oder Obstsalat. Echter Schwarzkümmel *(Nigella sativa)* ist seit über 2000 Jahren als Gewürz bekannt. Sein Geschmack ist nussig, sesamartig und leicht pfeffrig. Wegen des hohen Gehalts an zweifach ungesättigten Fettsäuren gilt Schwarzkümmelöl als ernährungsphysiologisch wertvoll.

Kosmetikpflanze: Das Öl aus den Samen wird zur Herstellung von Parfüms und Lippenstiften verwendet.

Wildtiere: Die Blüten besitzen krugartige Nektarbehälter, welche durch lose aufliegende Deckel verschlossen sind. Kluge Insekten, allen voran Honigbienen, wissen den Deckel zu öffnen, um an den Nektar zu gelangen. Indem die Gäste sich von einem Nektarkrug zum anderen begeben, marschieren sie in der Blüte im Kreis umher und berühren dabei mit dem Rücken die Staubbeutel.

Weitere Arten:

Acker-Schwarzkümmel
(Nigella arvensis)

Grünblütiger Schwarzkümmel
(Nigella oxypetala)

Echter Schwarzkümmel
(Nigella sativa)

Jungfer im Grünen

Nigella damascena
(Hahnenfußgewächs)

Blütezeit: Mai–Juli

Echte Eselsdistel

Onopordum acanthium
(Korbblütler)

Winterhärtezone: 6
Blütezeit: Juni–August

Steckbrief 100–300 cm hohe Zweijährige mit breit geflügeltem Stängel und grauweiß filzig behaarten, bewehrten Blättern. Kronblätter purpurrosa.

Verbreitung Eurasiatische Art, in Mitteleuropa ruderal bis eingebürgert, im pannonischen Osten Österreichs vielleicht urheimisch.

Standort & Boden Bevorzugt nährstoffreiche, lehmig-steinige Böden und sonnige, warme Standorte.

Eigenschaften Die «Blattflügel» der Stängel dienen der Stabilisierung der großen Pflanze im Sturm und auch der Wasserableitung direkt in den Wurzelbereich. Die Dornen, die Säugetiere vom Fressen abhalten, dienen auch als Kondensationspunkte für Tau. Diese Merkmale sowie die Behaarung können als eine Anpassung an trockene Standorte gedeutet werden.

Im Garten Formgarten, Schmetterlingsgarten, Bauerngarten, Zweijährigenbeet, Schutthaufen, Solitärstaude.

Vermehrung Am einfachsten Aussaat im Spätsommer oder Herbst. Dunkelkeimer. Wurzelschnittlingsvermehrung im Oktober möglich. Selbstaussaat.

Geeignete Partner Echte Osterluzei *(Aristolochia clematitis)*, Echte Hundszunge *(Cynoglossum officinale)*, Schwarzes Bilsenkraut *(Hyoscyamus niger)*, Breitblättrige Kresse *(Lepidium latifolium)*, Wilde Malve *(Malva sylvestris)*, Klatsch-Mohn *(Papaver rhoeas)*, Gewöhnliche Blasenkirsche oder Lampionblume *(Physalis alkekengi)*, Kleinblütige Königskerze *(Verbascum thapsus)*.

Nutzen

Boden: Die tief reichenden Wurzeln lockern das Erdreich, die Rosetten schützen es vor direkter Sonneneinstrahlung und Erosion.
Wildgemüse: Blütenkörbchen und deren Böden schmecken artischockenähnlich, die geschälten Stängel werden wie Spargel oder Rhabarber in Wasser gekocht.
Arzneipflanze: Die Blütendroge ist aufgrund ihrer herzstärkenden Wirkung in einigen Herzmitteln enthalten. In der Volksheilkunde war sie als verdauungsförderndes Mittel, gegen Gallenleiden und Husten und ihr Saft bei der Behandlung von Geschwüren im Einsatz.
Wildtiere: Wertvolle Insektennährpflanze und Futterpflanze für Wildvögel. Manche prachtvolle Eselsdistel verdankt ihr Dasein den Stieglitzen, die über die Blütenköpfe herfallen, sie zerzausen, die Früchte herauspicken und vertragen.
Der seltene Eselsdistel-Dickkopffalter *(Pyrgus onopordi)* hat ungeachtet seines Namens als Futterpflanzen Sonnenröschen- und Fingerkraut-Arten. Der fertige Falter nascht aber gerne am Nektar der Distel, ebenso der Rotbindige Sandfalter *(Arethusana arethusa)*. Die Raupen des Distelfalters hingegen nutzen die Eselsdistel als Wirt.
Die Samen nutzen Wildvögel wie der Grünfink.

Weitere Arten:

Schmalhüllige Eselsdistel
(Onopordum leptolepis)

Glänzende Eselsdistel
(Onopordum candidum)

Wollige Kratzdistel
(Cirsium eriophorum)

Steckbrief 30–180 cm hohe, sommergrüne, filzig behaarte Mehrjährige, im Gebiet wegen der geringen Winterhärte meist einjährig kultiviert. Blätter gestielt, Spreite ist herzförmig. Blüten 5-zählig mit verwachsenen, gelben Kronblättern und dunkelbrauner Zeichnung am Grund. Fruchtkelche lampionähnlich, grün, behaart, lange geschlossen bleibend, oft mit braunschwarzen Nerven. Frucht gelborange, bis 2 cm im Durchmesser.

Verbreitung Beheimatet im nördlichen Südamerika von Bolivien bis Venezuela.

Standort & Boden Liebt nährstoffreiche Böden und warme, sonnige, geschützte Standorte.

Eigenschaften Giftig (außer die reifen Früchte).

Im Garten Obstgarten, Tröge, Bauerngarten.

Kulturpflanze Obwohl die Art in den Anden heimisch ist, ging ihre Domestikation in Südafrika vor sich. Dorthin gelangte sie Ende des 18. Jh. mit Seefahrern als Mittel gegen Skorbut. Heute ist die Pflanze in Südafrika nach wie vor sehr beliebt, was ihr auch den geläufigen Namen «Kapstachelbeere» einbrachte. Wird in einigen Sorten kultiviert, so 'Schönbrunner Gold' mit großen, aromatischen Früchten, 'Purple de Milpa' mit früh reifenden Früchten, 'Little Lanterns' mit kompakterem Wuchs.

Vermehrung Aussaat im Frühling mit vorheriger Vorkultur im Haus. Selbstaussaat.

Geeignete Partner Horngurke *(Cucumis metuliferus)*, Tamarillo *(Solanum betaceum*, Syn. *Cyphomandra betacea)*, Zwerg-Tamarillo *(Solanum abutiloides*, Syn. *Cyphomandra abutiloides)*, Jaltomate *(Jaltomata procumbens)*, Gewöhnliche Blasenkirsche oder Lampionblume *(Physalis alkekengi)*, Ananaskirsche *(Physalis pruinosa)*, Guinea-Nachtschatten *(Solanum guineense)*, Pepino *(Solanum muricatum)*, Naranjilla *(Solanum quitoense)*.

Nutzen

Wildobst: Die Früchte schmecken süß-sauer und beinhalten wertvolle Stoffe wie Polyphenole, Carotinoide, Phosphor, Kalium, Zink, Bor, Vitamin C und essenzielle Aminosäuren wie Leucin und Lysin.
Wildtiere: Wertvolle Nahrungspflanze für heimische Vögel und Säugetiere. Besonders Igel mögen die Früchte.

Weitere Arten:

Gewöhnliche Blasenkirsche oder Lampionblume
(Physalis alkekengi)

Tomatillo
(Physalis philadelphica)

Ananaskirsche
(Physalis pruinosa)

Andenbeere, Peruanische Blasenkirsche

Physalis peruviana
(Nachtschattengewächs)

Winterhärtezone: 10
Blütezeit: Juni–August

Steckbrief 5–20 cm hohe Einjährige mit niederliegenden bis aufrechten, meist aufsteigenden, am Grund verzweigten Trieben. Blätter sukkulent, 10–30 mm lang, im Durchmesser 2–3 mm breit, spitz. Blüten 2–4 cm im Durchmesser, Kronblätter magentarot, durch Zucht und Auslese auch in verschiedenen anderen Farben.

Verbreitung Beheimatet in Uruguay, Paraguay und Argentinien.

Standort & Boden Mag sandige, trockene Böden und vollsonnige, regengeschützte Standorte.

Eigenschaften Trockenheitsertragend, hitzefest, nicht schneckengefährdet.

Im Garten Südseitige Traufen, Kiesbeete, Tröge, Ampeln.

Kulturpflanze 1827 nach England gekommen, wenig später auch nach Deutschland. In zahlreichen Sorten, so 'Sundial White' mit weißen, 'Sundial Gold' mit gelben, 'Sundial Chiffon' mit rosa, 'Sundial Fuchsia' mit pinken Blüten. Die 'Margarita'-Serie hat verschiedenfarbige, gefüllte Blüten, 'Sundance' ist eine Farbmischung aus halbgefüllten Blüten.

Vermehrung Aussaat im Frühjahr.

Geeignete Partner Garten-Mittagsblume *(Dorotheanthus bellidiformis)*, Schöne Echeverie *(Echeveria elegans)*, Silberkopf oder Stacheldrahtpflanze *(Leucophyta brownii)*, Kleinblättrige Kanonierblume *(Pilea microphylla)*, Kolumbisches Portulakröschen *(Portulaca umbraticola)*, Palmers Mauerpfeffer *(Sedum palmeri)*, Rötlicher Mauerpfeffer *(Sedum rubens)*.

Nutzen
Boden: Schützt erosionsgefährdete Sandböden.

Weitere Arten:

Gemüse-Portulak
(Portulaca oleracea)

Kolumbisches Portulakröschen
(Portulaca umbraticola)

Porzellanröschen oder Gewöhnliche Bitterwurz
(Lewisia cotyledon)

Portulakröschen

Portulaca grandiflora
(Portulakgewächs)

Blütezeit: Juni–September

Steckbrief Bis 150 cm hohe, drüsig behaarte, bestachelte Einjährige (in ihrer Heimat mehrjährig). Blätter 10–15 cm lang, wechselständig, gelappt. Kelchblätter stark bestachelt, Blüten 4–4,5 cm im Durchmesser, Kronblätter weiß bis violett, radförmig, oft zurückgeschlagen. Reife Früchte rot, süßlich schmeckend.

Verbreitung Beheimatet in Südamerika.

Standort & Boden Liebt nährstoffreiche Böden und windgeschützte, regengeschützte, sonnige Standorte.

Eigenschaften Stab als Pflanzenstütze empfehlenswert. Giftig, Ausnahme reife Früchte.

Im Garten Obst-/Gemüsegarten, Bauerngarten, als natürlicher Stacheldrahtzaun.

Kulturpflanze Wird seit dem 18. Jh. vor allem in botanischen Gärten kultiviert, wo sie insbesondere wegen ihrer starken Bewehrung als Kuriosität gezeigt wird.

Vermehrung Aussaat im Frühjahr ähnlich Tomaten.

Geeignete Partner Gewöhnliche Blasenkirsche oder Lampionblume *(Physalis alkekengi)*, Tomatillo *(Physalis philadelphica)*, Kängurubeere oder -apfel *(Solanum aviculare)*, Tarambulo oder Haarige Aubergine *(Solanum ferox)*, Wildtomate *(Solanum hirsutum)*, Aubergine *(Solanum melongena)*, Pepino *(Solanum muricatum)*, Grüner Nachtschatten *(Solanum opacum)*, Naranjilla *(Solanum quitoense)*.

Weitere Arten:

Kängurubeere
(Solanum aviculare)

Wildtomate
(Solanum hirsutum)

Aubergine
(Solanum melongena)

Litschi-Tomate, Lulita, Raukenblättriger Nachtschatten

Solanum sisymbriifolium
(Nachtschattengewächs)

Blütezeit: Juni–August

Nutzen

Wildobst: Die Früchte schmecken aromatisch-süß, sind aber wegen der starken Bestachelung der Pflanze nur schwer zu ernten. Geeignet zum Frischverzehr und zur Herstellung von Marmelade, Fruchtsaft, Likör usw.

Steckbrief 30–80 cm hohe, kurzlebige Staude mit dem Boden flach anliegenden Grundblattrosetten. Stängelblätter nach oben rasch kleiner werdend. Blüten in einer einfachen Traube, Krone kräftig purpurviolett.

Verbreitung Südosteuropäisch-westasiatische Art.

Standort & Boden Liebt sandige, magere, durchlässige Böden und sonnige Standorte.

Eigenschaften Verträgt ein- bis zweimalige Mahd ab der Samenreife etwa im Juli. Bildet spontan Hybriden mit gelb blühenden Königskerzen-Arten. Diese zeigen unterschiedlichste Blütenfarben, die von lila über orange bis bräunlich reichen. Nicht schneckengefährdet.

Im Garten Steppengarten, Sandrasen, magere Blumenwiesen.

Kulturpflanze In einigen Sorten kultiviert, so 'Southern Charm' mit pastellfarbenen, 'Flush of White' mit weißen und 'Rosetta' mit purpurrosa Blüten.

Vermehrung Durch Samen, auch Wurzelschnittlinge und Abtrennen von Nebenrosetten möglich. Bei Naturhybriden oder besonders schönen Einzelpflanzen Stecklingsvermehrung empfehlenswert. Dazu wird der Blühtrieb während der Blüte geschnitten. Es erscheinen junge Grundsprosse, aus denen die Stecklinge gewonnen werden. Regelmäßig Selbstaussaat.

Geeignete Partner Roter Natternkopf *(Echium maculatum)*, Steppen-Wolfsmilch *(Euphorbia seguieriana)*, Echtes Sonnenröschen *(Helianthemum nummularium)*, Kranz-Kuckucksnelke *(Lychnis coronaria)*, Moschus-Malve *(Malva moschata)*, Ungarischer oder Grauer Andorn *(Marrubium peregrinum)*, Echtes Federgras *(Stipa pennata)*, Einjährige Spreublume *(Xeranthemum annuum)*.

Nutzen

Wildtiere: Raupenfutterpflanze unter anderem vom Roten Scheckenfalter *(Melitaea didyma)*. Königskerzen-Blüten produzieren keinen Nektar, aber reichlich Pollen, den unter anderem Honigbienen, Schwebfliegen, Grabwespen, Hummeln und Bockkäfer nutzen, aber auch Wildbienen wie die Furchenbiene *Lasioglossum villosulum*.

Weitere Arten:

Chaix-Königskerze
(Verbascum chaixii)

Violette Königskerze
(Verbascum phoeniceum 'Southern Charm')

Prächtige Königskerze
(Verbascum speciosum)

Violette oder Purpur-Königskerze

Verbascum phoeniceum
(Braunwurzgewächs)

Winterhärtezone: 6
Blütezeit: Mai–Juni

Garten-Zinnie

Zinnia elegans
(Korbblütler)

Blütezeit: Juli–Oktober

Steckbrief 30–100 cm hohe, behaarte Einjährige mit bis schmal dreieckigen Blättern. Blütenstände körbchenartig. Röhrenblüten meist gelb, Zungenblüten orange bis purpurrot, bei Sorten auch weiß, gelb, grün oder violett.

Verbreitung Beheimatet in Mexiko.

Standort & Boden Liebt nährstoffreiche, durchlässige Gartenböden und sonnige, warme Standorte.

Eigenschaften Rückschnitt macht die Pflanzen kompakter und regt zur Bildung weiterer Blüten an. Um Pilzkrankheiten vorzubeugen, nicht über das Laub gießen. Schneckengefährdet.

Im Garten Bauerngarten, Blumenbeet, Gefäße.

Kulturpflanze Die Zinnie kam im 18. Jh. aus Mexiko nach Europa. Nachdem selbst die Wildart formenreich ist und die Sämlinge unterschiedlich aussehen, wurde die Art schnell zur beliebten Gartenpflanze. 1856 wurde in Frankreich eine gefüllt blühende Form gefunden, und durch die Einkreuzung von *Zinnia angustifolia* steigerte sich die Formenvielfalt erneut. Gegenwärtig gibt es eine ganze Reihe an Sorten, so empfehlenswert die für Schnitt geeignete, hohe Serie 'Karussell' mit verschiedenfarbigen Blütenkörben oder die halbhohe 'Peppermint' mit gesprenkelten Blüten.

Vermehrung Aussaat. Ab März im Haus vorziehen oder ab Mai direkt ins Freie säen.

Weitere Arten:

Schmalblättrige Zinnie
(Zinnia angustifolia)

Haage-Zinnie
(Zinnia haageana)

Peru-Zinnie
(Zinnia peruviana)

Geeignete Partner Garten-Löwenmaul *(Antirrhinum majus)*, Gelbes Schmuckkörbchen *(Cosmos sulphureus)*, Regenanzeigende Ringelblume *(Dimorphotheca pluvialis)*, Bunte Wucherblume *(Ismelia carinata)*, Mehliger Salbei *(Salvia farinacea)*, Mexikanische Sonnenblume *(Tithonia rotundifolia)*, Argentinische Verbene *(Verbena bonariensis)*.

Nutzen

Wildgemüse: Die farbenprächtigen Zungenblüten sind essbar und schmücken Salate, Desserts und Hauptgerichte.

Wildtiere: Gute Bienenweide.

Stauden

Stauden sind Spezialisten darin, auch unter widrigen Bedingungen zur Blüte zu gelangen. Es gibt Tausende von Arten, und so wundert es nicht, dass sich für nahezu jeden Standort Stauden finden lassen, die sich dort wohlfühlen. Für heiße und trockene Standorte benötigt es Sonnenanbeter und Pionierpflanzen, die auch in der Natur an solchen kargen Orten wachsen.

Die dichte, dauerhafte Pflanzendecke durch Stauden verhindert ein übermäßiges Austrocknen des Bodens und damit eine Schädigung der Bodenstruktur und des Bodenlebens.

Geophyten nennt man Stauden, die mit unterirdischen Speicherorganen wie Knollen oder Zwiebeln Trockenzeiten überdauern. Sie sind damit wie geschaffen für den Klimawandel, sind doch die meisten von ihnen ohnehin in Gebieten wie dem Mittelmeerraum beheimatet, wo sie sich auf einen trocken-heißen Sommer einstellen müssen. Den Geophyten spielt der Klimawandel in die Hände, denn im Sommer ruhen die Zwiebeln gut versteckt im Boden. Knollen- und Zwiebelpflanzen machen kaum Arbeit, dafür verlängern sie die Gartensaison für uns Gartenbesitzer.

Balkan-Akanthus

Acanthus hungaricus
(Akanthusgewächs)

Winterhärtezone: 6
Blütezeit: Juni–Juli

Steckbrief 40–100 cm hohe Staude mit dunkelgrünen, weichen Blättern. Blüten mit 3-teiliger, weißer Unterlippe, Oberlippe stark reduziert, mit 4 ungleichen Kelchblattlappen. Oberstes Blütenblatt rötlich violett, helmförmig. Früchte glänzend, ellipsoidisch, zweifächerig, mit 2–4 Samen.

Verbreitung Beheimatet in Südosteuropa.

Standort & Boden Liebt humose, nährstoffreiche, tiefgründige, durchlässige, kalkhaltige Böden in sonniger bis halbschattiger Lage.

Eigenschaften Frosthart, in rauen Lagen winterschutzbedürftig, staunässeempfindlich, empfindlich gegen Versetzen – liebt ungestörten Standort ohne viel Pflegemaßnahmen.

Im Garten Naturnahe Gärten, architektonische Gärten, ornamentale Gärten, am Treppenrand, bei Steinmauern.

Kulturpflanze Seit spätestens 1869 in gärtnerischer Kultur. Nach der (prächtigen) Blüte färben sich die Fruchtstände orangebraun, ein neues Farbenspiel beginnt. Im Winter ziert Raureif den bereits dunkelgrau verblassten Stängel. Wenn die neuen Blühtriebe kommen, ist vom alten nur mehr ein geknickter Stängel übrig und ein beeindruckendes Naturschauspiel beginnt von Neuem.
Selbst in der Architektur findet sich das Akanthusmotiv in zahlreichen Beispielen als Verzierung von Säulen, Decken und anderen Gebäudeteilen. So ist das Akanthusblatt seit dem 5. Jh. v. Chr. ein charakteristisches Merkmal der korinthischen Kapitelle, der sogenannten Akanthuskapitelle.

Vermehrung Rhizomteilung im Frühjahr. Wurzelschnittlinge möglich, aber nur in Staudengärtnereien üblich. Aussaat im Winter möglich – Dunkelkeimer, keimt unregelmäßig.

Geeignete Partner Amur-Feuerkolben *(Arisaema amurense)*, Palmwedel-Segge *(Carex muskingumensis)*, Schiefe Schildblume oder Schlangenkopf *(Chelone obliqua)*, Busch-Wolfsmilch *(Euphorbia × martinii)*, Pracht-Storchschnabel *(Geranium × magnificum)*, Gewöhnliche Nachtviole *(Hesperis matronalis)*, Straußfarn *(Matteuccia struthiopteris)*, Rutenhirse *(Panicum virgatum)*.

Nutzen
Boden: Durch das mächtige, bis 1 m tief reichende Wurzelwerk guter Böschungsfestiger, die großen Blätter halten den Boden feucht.
Floristik: Blüten- und Fruchtstände gerne für die Blumenbinderei genutzt.
Wildtiere: Unter dem großen Blattwerk finden Kleintiere und Amphibien Rückzugsräume und Versteckmöglichkeiten. Die Fruchtstände bieten den Tieren Nahrung, und die hohlen Stängel dienen als Überwinterungsquartier für Insekten. Daher sollte im Herbst so viel wie möglich an Verblühtem stehen bleiben, damit die Nützlinge auch im neuen Jahr ihre Arbeit verrichten können.

Weitere Arten:

Balkan-Akanthus
(Acanthus hungaricus)

Weicher Akanthus
(Acanthus mollis)

Dorniger Akanthus
(Acanthus spinosus)

Gelber Lauch

Allium flavum
(Narzissengewächs)

Winterhärtezone: 6
Blütezeit: Juni–August

Steckbrief 25–60 cm hohe Staude mit blaugrünen, bis 2 mm breiten Blättern. Blütenstand ohne Brutzwiebeln, Perigon gelb, Staubblätter länger als das 4–6 mm lange Perigon.

Verbreitung Mediterrane Art von Südeuropa bis Vorderasien, nördlich bis Niederösterreich und Tschechien reichend.

Standort & Boden Liebt helle, warme, vollsonnige Standorte und trockene, basenreiche Böden.

Eigenschaften Verträgt ein- bis zweimalige Mahd ab Spätsommer. Hitze- und trockenheitstolerant. Wurzeltiefe bis höchstens 25 cm.

Im Garten Steppenrasen, Steingärten, Sandrasen.

Kulturpflanze Seit spätestens Mitte des 18. Jh. in gärtnerischer Kultur.

Vermehrung Durch Brutzwiebeln oder Aussaat. Für die Abnahme von Brutzwiebeln werden die Mutterpflanzen kurz nach der Blüte gerodet, bevor die Tochterzwiebeln eigene Wurzeln bilden. Aussaat noch im Herbst an Ort und Stelle. Bis zur ersten Blüte vergehen aber ein paar Jahre.

Geeignete Partner Ästige Graslilie *(Anthericum ramosum)*, Berg-Aster *(Aster amellus)*, Esparsetten-Tragant *(Astragalus onobrychis)*, Skabiosen-Flockenblume *(Centaurea scabiosa)*, Goldschopf oder Gold-Steppenaster *(Galatella linosyris)*, Schwert-Alant *(Inula ensifolia)*, Steinbrech-Felsennelke *(Petrorhagia*

Weitere Arten:

Rosen-Lauch
(Allium roseum)

Kugelköpfiger oder Kugel-Lauch
(Allium sphaerocephalon)

Weinberg-Lauch
(Allium vineale)

saxifraga), Echte Kuhschelle *(Pulsatilla vulgaris)*, Straußmargerite *(Tanacetum corymbosum)*.

Nutzen

Wildgemüse: Blüten und Blätter schmecken intensiv lauchartig und eignen sich zum Würzen. Die Blüten zieren pikante Speisen.
Wildtiere: Die Lauch-Seidenbiene *(Colletes graeffei)* ist auf den Gelben Lauch angewiesen. Des Nektars und Pollens wegen wird die Art auch gerne von Masken-, Sand- und Furchenbienen angeflogen. Auf im Sommer blühende Lauch-Arten angewiesen ist auch die Maskenbiene *Hylaeus punctulatissimus*.

Als Blütengäste finden sich gerne Schmetterlinge wie Zitronenfalter, Tagpfauenauge, Distelfalter, Veilchen-Perlmuttfalter, Waldbrettspiel und Gelbwürfeliger Dickkopffalter ein.

Steckbrief 15–35 cm hohe Staude mit 5-teiligen Blättern. Blüten 4–7 cm im Durchmesser, Blütenblätter weiß, Staubblätter gelb.

Verbreitung Eurosibirische Art von Frankreich durch ganz Sibirien bis Ostasien.

Standort & Boden In jedem normalen, eher nährstoffarmen, trockenen, gerne kalkreichen Boden in warmer, sonniger bis halbschattiger Lage.

Eigenschaften Schwermetalltolerant, schlecht mahdverträglich. Giftig.

Im Garten Steppengärten, Steinrasen, Gehölzlichtungen, Staudenbeete ohne Unkrautvlies.

Kulturpflanze Seit mindestens dem 15. Jh. als Zierpflanze kultiviert. 1613 wird sie vom fürstbischöflichen Garten zu Eichstätt erstmals schriftlich genannt. Schon wenige Jahre später wird die größerblütige «Macrantha» ausgelesen, welche später als Sorte 'Frühlingszauber' Einzug in die Baumschulen hält. 1837 findet erstmals eine gefüllt blühende Form Erwähnung, und seit dem vergangenen Jahrhundert wird die Naturauslese 'Wienerwald' gehandelt, welche sich durch horstigen Wuchs und geringeren Ausbreitungsdrang auszeichnet.

Vermehrung Am besten Teilung im Oktober/November oder Wurzelschnittlinge von November bis März bei ungefrorenem Boden.

Großes Windröschen

Anemone sylvestris
(Hahnenfußgewächs)

Winterhärtezone: 4
Blütezeit: April–Mai

Weitere Arten:

Kronen-Windröschen
(Anemone coronaria)

Stern-Windröschen
(Anemone hortensis)

Pfauen-Windröschen
(Anemone pavonina)

Geeignete Partner Echte Akelei *(Aquilegia vulgaris)*, Berg-Aster *(Aster amellus)*, Blauroter Steinsame *(Buglossoides purpurocaerulea)*, Knäuel-Glockenblume *(Campanula glomerata)*, Diptam *(Dictamnus albus)*, Blut-Storchschnabel *(Geranium sanguineum)*, Rauer Alant *(Inula hirta)*, Österreichischer Lein *(Linum austriacum)*, Duft-Weißwurz oder Echtes Salomonssiegel *(Polygonatum odoratum)*, Steppen-Salbei *(Salvia nemorosa)*, Violette oder Purpur-Königskerze *(Verbascum phoeniceum)*.

Nutzen

Boden: Als Wurzelkriecher ein geeigneter Bodenfestiger.

Wildtiere: Wertvolle Pollenpflanze. Futterpflanze unter anderem für die Raupen des Auenparkland-Waldreben-Wellenspanners *(Horisme corticata)* und des Anemonen-Blattspanners *(Mesotype didymata)*. Auch ein Pilz ist von Windröschen abhängig, der Anemonenbecherling *(Dumontinia tuberosa)*, der die Wurzeln der Pflanze anzapft.

Färber-Hunds-kamille

Anthemis tinctoria
(Korbblütler)

Winterhärtezone: 6
Blütezeit: Juni–September

Steckbrief 30–70 cm hohe, kurzlebige, beim Zerreiben aromatisch riechende Staude mit doppelt gefiederten Blättern. Blütenkörbe mit gelben Röhrenblüten und gelben Zungenblüten.

Verbreitung Südeuropäisch-vorderasiatische Art, in Nordeuropa, Nordamerika und Ostasien eingeschleppt. Vielfach auch in Saatgutmischungen enthalten, Status daher oft unklar.

Standort & Boden Liebt sonnige, warme Standorte und mäßig trockene, kalk- und nährstoffarme Böden. Eignet sich besonders für Sandböden.

Eigenschaften Rückschnitt Ende September bis zum bodennahen Laub fördert die Bildung von Überwinterungsknospen und erhöht die Lebensdauer der Pflanze.

Im Garten Sandrasen, magere Böschungen, Heidegärten, Färbepflanzenbeete.

Kulturpflanze Seit spätestens 1561 in Gartenkultur. In mehreren Sorten, so 'Ala Dagh' als längerlebige Auslese, 'Dwarf Form' mit kompakterem Wuchs, 'Lemon Ice' und 'E.C. Buxton' mit blassgelben Zungenblüten und dunkler Mitte und 'Sauce Hollandaise' mit weißen Zungenblüten und gelber Mitte.

Vermehrung Am einfachsten Aussaat direkt an Ort und Stelle im zeitigen Frühjahr oder im Spätsommer. Licht- und Wärmekeimer. Regelmäßig Selbstaussaat. Samen etwa 50 Jahre lang keimfähig.

Weitere Arten:

Rosa Hundskamille
(Anthemis rosea)

Sankt-Johann-Hundskamille
(Anthemis sancti-johannis)

Hellgelbe Färber-Hundskamille
(*Anthemis tinctoria* 'E.C. Buxton')

Geeignete Partner Gold-Schafgarbe *(Achillea filipendulina)*, Heilziest oder Echte Betonie *(Betonica officinalis)*, Rundblättrige Glockenblume *(Campanula rotundifolia)*, Séguiers Nelke *(Dianthus seguieri)*, Sand-Schwertlilie *(Iris humilis)*, Moschus-Malve *(Malva moschata)*, Illyrischer Hahnenfuß *(Ranunculus illyricus)*, Wildes Stiefmütterchen *(Viola tricolor)*.

Nutzen

Boden: Besiedelt rasch Rohböden und festigt dadurch Böschungen und Erdanrisse.
Färbepflanze: Die Blütenkörbe werden zum Gelbfärben von Wolle, Leinen und anderen Stoffen genutzt. Auch Öl und Honig färben sie gelblich.
Wildgemüse: Die Blätter eignen sich zum Würzen von Kräuterbutter, die Blüten dienen in kleinen Mengen als essbare Tellerdekoration.
Wildtiere: Pollenspender für Seiden-, Masken-, Mauer-, Furchen- und Löcherbienen, Blattkäfer, Bockkäfer, Wespen, Schwebfliegen und Echte Fliegen. Futterpflanze unter anderem für die Raupen von Kamillenmönch *(Cucullia chamomillae)*, Karden-Sonneneule *(Heliothis viriplaca)* und Kamillen-Blütenspanner *(Eupithecia extremata)*. Wertvolle Futterpflanze für Wildvögel wie Hänfling und Goldammer.

Steckbrief 30–80 cm hoch. Blätter grundständig, grasartig. Blütenstand verzweigte Rispe mit reichlich lilienartigen, weißen Blüten. Perigonblätter 1–1,4 cm lang, 2–6 mm breit, innere deutlich breiter als äußere.

Verbreitung Europäische Art, von den Pyrenäen bis in den Kaukasus beheimatet.

Standort & Boden Liebt magere, kalkhaltige Böden und sonnige bis halbschattige, warme Lagen.

Eigenschaften Schwermetalltolerant, schlecht mahdverträglich, nicht schneckenanfällig, trockenheitsverträglich, Wurzeln reichen bis etwa 50 cm tief.

Im Garten Naturgarten, Steppengarten, Steinrasen, Dachbegrünung, Pflanztröge.

Kulturpflanze In Gartenkultur seit spätestens 1570.

Vermehrung Teilung und Aussaat im Frühling. Kaltkeimer.

Geeignete Partner Weidenblättriger Röhrenstern *(Amsonia tabernaemontana)*, Diptam *(Dictamnus albus)*, Kugel-Ginster *(Genista radiata)*, Blut-Storchschnabel *(Geranium sanguineum)*, Ährige Prachtscharte *(Liatris spicata)*, Trauben-Katzenminze *(Nepeta racemosa)*, Echter Dost *(Origanum vulgare)*, Ballonblume *(Platycodon grandiflorus)*, Echtes Federgras *(Stipa pennata)*.

Nutzen

Wildtiere: Gute Bienenweide. Honigbienen, Wildbienen, Schwebfliegen und viele andere nutzen die Blüten, so sammeln die Dickkopf-Furchenbiene *(Halictus maculatus)* und die Gemeine Furchenbiene *(Lasioglossum calceatum)* den Pollen.
Der Eulenfalter *Metachrostis dardouini* lebt von den Früchten, die Graslilieneule *(Episema glaucina)* von der ganzen Pflanze.

Weitere Arten:

Astlose Graslilie
(Anthericum liliago)

Binsenlilie
(Aphyllanthes monspeliensis)

Weißer Affodill
(Asphodelus albus)

Ästige Graslilie

Anthericum ramosum
(Spargelgewächs)

Winterhärtezone: 6
Blütezeit: Juni–August

Pontischer Wermut

Artemisia pontica
(Korbblütler)

Winterhärtezone: 4
Blütezeit: August–September

Steckbrief 30–60 cm hohe, aromatisch riechende Staude mit unterirdischem, holzigem Rhizom. Blätter grauseidig, lineal, 1–5 cm lang. Blütenkörbe gelb, rispig angeordnet, unscheinbar.

Verbreitung Südosteuropäisch-westasiatische Art von Österreich und Tschechien östlich bis Südwestsibirien reichend.

Standort & Boden Liebt trockene, nährstoffarme, sandige oder steinige Böden in warmer und sonniger Lage.

Eigenschaften Salztolerant, mit großem Ausbreitungsdrang, nicht schneckengefährdet, schlecht mahdverträglich. Rückschnitt der Triebe im Frühjahr lässt die Pflanzen kompakter werden.

Im Garten Steppengärten, Heidebeete, Duftgärten, Bodendecker.

Kulturpflanze Seit mindestens dem 16. Jh. als Heilpflanze kultiviert.

Vermehrung Am einfachsten Teilung im Frühjahr. Auch Aussaat der kleinen Samen einfach: Saatgut in regengeschützten Saatbeeten leicht andrücken und nur sparsam gießen. Stecklingsvermehrung im Sommer möglich.

Geeignete Partner Giftheil-Eisenhut *(Aconitum anthora)*, Warzen-Spindelstrauch *(Euonymus verrucosus)*, Goldschopf oder Gold-Steppenaster *(Galatella linosyris)*, Schwert-Alant *(Inula ensifolia)*, Echter Lavendel *(Lavandula angustifolia)*, Zwerg-Mandel *(Prunus tenella)*, Pimpinell-Rose *(Rosa spinosissima)*, Pimpernuss *(Staphylea pinnata)*.

Nutzen

Boden: Guter Bodenfestiger, besonders von Lössböden.

Gewürz- und Duftpflanze: Das Aroma der Pflanze ist etwas milder und lieblicher als das des Wermuts, weshalb sie zur Aromatisierung von Wermutwein genutzt wird. Getrocknet in Duftsäcken schützt das Kraut vor Motten im Kleiderschrank.

Arzneipflanze: Ein aus Pontischem Wermut zubereiteter Tee wird bei Magen- und Darmbeschwerden eingesetzt, als Würzkraut macht er fettige Speisen bekömmlicher.

Wildtiere: Auf Korbblütler wie den Wermut sind die Seidenbienen *Colletes daviesanus* und *C. similis* angewiesen. Der Pontische Wermut ist zwar ein Windblütler, trotzdem wird er des Pollens wegen gerne von Bienen, Schwebfliegen und Käfern besucht.

Futterpflanze für Wildvögel und unter anderem für die Raupen von Wermut-Mönch *(Cucullia absinthi)*, Bräunlichgrauem Wermut-Mönch *(C. fraudatrix)* und Steppen-Sonneneule *(Protoschinia scutosa)*.

Weitere Arten:

Eberraute
(Artemisia abrotanum)

Hohe Silberraute
(Artemisia ludoviciana)

Zwerg-Beifuß
(Artemisia schmidtiana)

Pfahlrohr

Arundo donax
(Süßgras)

Winterhärtezone: 7b
Blütezeit: August–November, in Mitteleuropa aber meist nicht blühend

Steckbrief 2–5 m hohe, halbimmergrüne, an Schilf erinnernde, blaugrüne Staude. Halm bis 3 cm im Durchmesser, reich beblättert. Blätter bis über 50 cm lang, 2–6 cm breit, am Grund gerundet und geöhrt. Blütenstand eine 30–50 cm lange, dichte, spindelförmige Rispe.

Verbreitung Heimat ist aufgrund der langen Kultur ungewiss, wahrscheinlich Südasien.

Standort & Boden Liebt frische, nährstoffreiche Böden und helle, geschützte Standorte.

Eigenschaften Salztolerant, nicht schneckenanfällig, panaschierte Sorten wie 'Versicolor' oder 'Peppermint Stick' sind kälteempfindlicher. Frühlingspflanzung ratsam.

Im Garten Mediterrane Gärten, Formgärten, als Wind- und Sichtschutz, Teichränder.

Kulturpflanze Seit spätestens dem Jahr 1635 in gärtnerischer Kultur.

Vermehrung Rhizomteilung. Rhizom- wie auch Stängelfragmente mit mindestens einem Knoten genügen, um neue Pflanzen zu begründen.

Geeignete Partner Purpur-Wasserdost *(Eutrochium purpureum)*, Wasser-Schwaden *(Glyceria maxima)*, Blutgras *(Imperata cylindrica)*, Weißer Federmohn *(Macleaya cordata)*, Echtes Chinaschilf *(Miscanthus sinensis)*, Zier-Rhabarber *(Rheum palmatum)*, Argentinische Verbene *(Verbena bonariensis)*.

Nutzen

Boden: Guter Bodenfestiger, wurzelt etwa 80 cm tief.

Wildtiere: Die dichten Horste sind Zufluchtsraum, die röhrigen Halme Überwinterungsmöglichkeit für Tiere.

Weitere Arten:

Wasser-Schwaden
(Glyceria maxima)

Echtes Chinaschilf
(Miscanthus sinensis)

Orientalisches Lampenputzergras
(Pennisetum orientale)

Berg-Aster

Aster amellus
(Korbblütler)

Winterhärtezone: 5
Blütezeit: Juli–Oktober

Steckbrief 20–60 cm hohe Staude mit verholzendem Wurzelstock und lanzettlichen Blättern. Zungenblüten blaulila, Röhrenblüten gelb.

Verbreitung Europäisch-sibirische Art von Frankreich bis Russland und Westsibirien.

Standort & Boden Liebt helle und warme Standorte und trockene, kalkreiche und nährstoffarme Böden.

Eigenschaften Verträgt eine einmalige Mahd ab Oktober.

Im Garten Steppengarten, Staudenbeet, Blumenwiese, Gehölzsaum.

Kulturpflanze In Gartenkultur aufgezeichnet findet sich die Berg-Aster erstmals 1561 bei Pfarrer Georg Aemylius in Stolberg im Harz. Seit mindestens 1736 ist auch die weiße Form aus der Kultur bekannt. Im 18. Jh. war die Art als «Gemeines blaues Bergsternkraut» in Mitteleuropa weit verbreitet. Ende des 19. Jh. begann die Zucht. Arten wie die südosteuropäische *A. amelloides* wurden eingekreuzt, und es entstanden zahlreiche Sorten von Hellblau bis Dunkelpurpur. 'Wunder von Stäfa' ist eine violettblau blühende Sorte, *Aster ×frikartii* eine Hybride mit *A. thomsonii*.

Vermehrung Aussaat im Frühjahr (Licht- und Wärmekeimer), Teilung im Frühjahr vor dem Austrieb oder Grundstecklinge mit kurzem, halbholzigem Ansatz.

Weitere Arten:

Kornblumenaster
(Stokesia laevis)

Polster-Herbstaster
(*Symphyotrichum dumosum* cvar.)

Raublatt- oder Neuengland-Herbstaster
(*Symphyotrichum novae-angliae* cvar.)

Geeignete Partner Großes Windröschen *(Anemone sylvestris)*, Silberdistel *(Carlina acaulis)*, Duft-Schöterich *(Erysimum odoratum)*, Goldschopf oder Gold-Steppenaster *(Galatella linosyris)*, Rauer Alant *(Inula hirta)*, Bisamdistel *(Jurinea mollis)*, Breitblättrige Platterbse *(Lathyrus latifolius)*, Echte Kuhschelle *(Pulsatilla vulgaris)*.

Nutzen

Boden: Bodenfestiger mit bis zu 80 cm tief reichenden Wurzeln.
Wildtiere: Wertvoller Nektar- und Pollenspender, der den Insekten auch noch spät im Jahr zur Verfügung steht.
Die Samen nutzen heimische Vögel wie Feldsperling, Distelfink und Dompfaff.
Futterpflanze unter anderem für die Raupen von Astern-Mönch *(Cucullia asteris)* und Bergwald-Goldruten-Blütenspanner *(Eupithecia cauchiata)*.
Nektarpflanze, unter anderem für die gefährdeten Arten Westlicher Scheckenfalter *(Melitaea parthenoides)* und Spätsommer-Würfel-Dickkopffalter *(Pyrgus cirsii)*.
In verregneten Frühsommern dient die Berg-Aster der Mauerbiene *Osmia spinulosa* als Pollenquelle zur Brutversorgung.

Steckbrief 10–50 cm hohe Staude mit verholztem Rhizom und lanzettlichen Blättern. Krone zuerst purpurrot, dann leuchtend azurblau.

Verbreitung Südeuropäisch-westasiatische Art, östlich bis in die Ukraine und zum Iran. Nördlich reicht die Art bis Thüringen und Nordfrankreich.

Standort & Boden Liebt sonnige bis halbschattige, warme Standorte und mäßig nährstoffarme, kalkreiche, trockene bis mäßig trockene Böden.

Eigenschaften Verträgt Wurzeldruck, wandert im Garten (ist nicht ortsstet).

Im Garten Bodendecker, Säume, steile Böschungen, Steingärten.

Vermehrung Am einfachsten Abtrennen der bewurzelten Ausläufer im Frühling oder Rhizomteilung im Spätsommer. Aussaat im Herbst möglich – Kälte- und Dunkelkeimer.

Geeignete Partner Großes Windröschen *(Anemone sylvestris)*, Diptam *(Dictamnus albus)*, Kleines Mädesüß *(Filipendula vulgaris)*, Blut-Storchschnabel *(Geranium sanguineum)*, Schwert-Alant *(Inula ensifolia)*, Gras-Schwertlilie *(Iris graminea)*, Breitblättrige Platterbse *(Lathyrus latifolius)*, Wiesen-Schlüsselblume *(Primula veris)*, Pimpinell-Rose *(Rosa spinosissima)*, Straußmargerite *(Tanacetum corymbosum)*, Großer Ehrenpreis *(Veronica teucrium)*.

Blauroter Steinsame

Buglossoides purpurocaerulea **(Syn. *Aegonychon purpurocaeruleum*)**
(Raublattgewächs)

Winterhärtezone: 6
Blütezeit: April–Juni

Weitere Arten:

Gaston-Steinsame
(Glandora gastonii)

Enzianblauer Steinsame
(Lithodora diffusa)

Olivenblatt-Steinsame
(Lithodora oleifolia)

Nutzen

Boden: Durch die immer wieder neu wurzelnden Ausläufer ein guter Bodenfestiger.

Wildtiere: Vor allem Hummeln und Bienen nutzen die Trichterblume des Nektars wegen.

Steckbrief 20–60 cm hohe, duftende Staude mit unterirdischen Ausläufern und herzförmigen Blättern. Blüten zweifarbig lila und weiß.

Verbreitung Europäische Sammelart (mehrere Kleinarten), nördlich bis Südengland und ins Siebengebirge, ostwärts bis in die Karpaten.

Standort & Boden Mag mäßig trockene bis mäßig frische, kalkreiche, nährstoffarme Böden und warme, sonnige bis halbschattige Standorte.

Eigenschaften Nicht schneckengefährdet, mehltaugefährdet, Blühwunder. Jährlicher Rückschnitt nach der Blüte hält die Pflanze kompakt.

Im Garten Duftgärten, Gehölzsäume, Steingärten, Einfassungen, Naturgarten, Kiesbeete, Erdbeertöpfe, Tröge.

Kulturpflanze Im Handel sind meist Auslesen zu finden wie 'Blue Cloud' mit blauvioletten Blüten, 'Weißer Riese' mit weißen Blüten oder 'Triumphator' mit intensivem Duft, monatelanger Blütezeit und ohne Samenbildung.

Vermehrung Einfach durch Aussaat und Teilung im Frühjahr. Regelmäßig Selbstaussaat.

Geeignete Partner Feld-Ahorn *(Acer campestre)*, Schwarzwerdender Geißklee *(Cytisus nigricans)*, Kreuz-Enzian *(Gentiana cruciata)*, Strauch(kron)-wicke *(Hippocrepis emerus)*, Echter Dost *(Origanum vulgare)*, Große oder Großblütige Braunelle *(Prunella grandiflora)*, Essig-Rose *(Rosa gallica)*, Kultur-Rose (*Rosa* cvar.), Klebriger Salbei *(Salvia glutinosa)*, Straußmargerite *(Tanacetum cormybosum)*, Wolliger Schneeball *(Viburnum lantana)*.

Nutzen

Wildgewürz: Die gesamte Pflanze ist nutzbar, sie schmeckt ähnlich wie Quendel und Minze. Die Blüten zieren und würzen Speisen und Getränke.
Wildtiere: Die lange Blütezeit, oft bis in den Frühwinter, ist für nahrungssuchende Insekten wertvoll. Nektarpflanze unter anderem für Zitronenfalter, Weißen Waldportier und Mauerfuchs. Weitere Blütengäste sind Keilfleckschwebfliege, Ackerhummel, Dunkle Erdhummel, Honigbiene und andere. Auf Lippenblütler und einige Braunwurzgewächse angewiesen ist die Pelzbiene *Anthophora furcata*. Lippenblütler wie die Bergminze werden gerne von der Mauerbiene *Osmia andrenoides* angeflogen.

Weitere Arten:

Alpen-Steinquendel
(Clinopodium alpinum)

Clandon- oder Hybrid-Bartblume
(Caryopteris ×clandonensis)

Gundelrebe oder Gundermann
(Glechoma hederacea)

Kleinblütige Bergminze

Calamintha nepeta
(Lippenblütler)

Winterhärtezone: 6
Blütezeit: Juli–September,
mit Nachblüten bis November

Knäuel-Glocken-blume

Campanula glomerata
(Glockenblumengewächs)

Winterhärtezone: 2
Blütezeit: Juni–August

Steckbrief 10–50 cm hohe, behaarte Staude mit länglich ovalen, am Grund herzförmigen Grundblättern und eilanzettlichen, gezähnten Stängelblättern. Blüten zu mehreren in endständigen und blattachselständigen Büscheln. Krone dunkelviolett.

Verbreitung Eurasiatische Art von Nordspanien bis Nordchina, nordwärts bis zum Polarkreis.

Standort & Boden Liebt humose, kalkreiche Böden und sonnige Standorte.

Eigenschaften Schwermetalltolerant, schneckengefährdet. Rückschnitt gleich nach der Blüte bewirkt meist Nachblüte. Verträgt zweimalige Mahd im Jahr, wobei der erste Schnitt nicht vor Juli durchgeführt werden soll.

Im Garten Staudenbeet, Naturgarten, Blumenwiesen, Bauerngarten.

Kulturpflanze Seit spätestens 1561 in gärtnerischer Kultur. Die zahlreichen Sorten spiegeln oft lediglich die Variabilität der Wildform wider, von der 15 Unterarten bekannt sind. Zu solch einer Naturvarietät gehört etwa 'Dahurica' mit dunkelvioletten Blüten. Neben den Wildformen und mehreren hochwüchsigen Auslesen gibt es auch klein bleibende Sorten wie 'Schneehäschen' oder 'Schneekissen'.

Vermehrung Teilung im Frühling, was gleichzeitig auch die Langlebigkeit fördert. Aussaat im Sommer gleich nach der Samenreife möglich. Wärme- und Lichtkeimer. Selbstaussaat.

Geeignete Partner Echtes Zittergras *(Briza media)*, Kleinkörbige Golddistel *(Carlina vulgaris)*, Kartäuser-Nelke *(Dianthus carthusianorum)*, Echtes Labkraut *(Galium verum)*, Berg-Laserkraut *(Laserpitium siler)*, Wald-Platterbse *(Lathyrus sylvestris)*, Feuer-Lilie *(Lilium bulbiferum)*, Jupiter-Lichtnelke *(Lychnis flos-jovis)*, Moschus-Malve *(Malva moschata)*.

Nutzen

Boden: Bodenfestiger, wurzelt bis etwa 50 cm tief und schützt das Erdreich vor praller Sonne und Erosion.

Wildgemüse: Alle heimischen Glockenblumen-Arten sind essbar. Die Blüten zieren Salate und Süßspeisen, Blätter und Sprosse können roh oder gekocht genossen werden.

Wildtiere: Auf Glockenblumengewächse sind die Glanzbienen *Dufourea dentiventris* und *D. inermis* angewiesen, ebenso die Sägehornbiene *Melitta haemorrhoidalis*, die Mauerbiene *Osmia campanularum* und die Sandbienen *Andrena curvungula* und *A. pandellei*. Sie verproviantieren ihre Brutzellen ausschließlich mit Glockenblumen-Blütenstaub. Die Pollentracht dauert den ganzen Tag hindurch. Die Männchen patrouillieren die Blüten ab, welche dann oft auch als Schlafstätte genutzt werden. Der Nektar von Glockenblumen ist für alle lang- und kurzrüsseligen Bienen erreichbar.
Als Gäste, die oft auch nur einen Zufluchtsort bei Regen suchen, finden sich Schwebfliegen, Glanzkäfer oder Ameisen in den Blüten ein.

Weitere Arten:

Breitblättrige Glockenblume
(Campanula latifolia)

Pfirsichblättrige Glockenblume
(Campanula persicifolia)

Ährige Glockenblume
(Campanula spicata)

Kriechende Hornnarbe

Ceratostigma plumbaginoides
(Bleiwurzgewächs)

Winterhärtezone: 7a
Blütezeit: September–Oktober

Steckbrief 10–30 cm hoher, sich durch unterirdische Ausläufer ausbreitender Halbstrauch mit zahlreichen, dünnen, kantigen, leicht borstig behaarten Trieben. Blätter 2–6 cm lang, dünn, verkehrt eiförmig, zur Basis lang keilförmig, fast sitzend, ganzrandig, gewimpert, im Austrieb und im Herbst rötlich. Blüten tiefblau, etwa 2 cm im Durchmesser, in Büscheln.

Verbreitung Beheimatet im östlichen China.

Standort & Boden Liebt sonnige bis halbschattige, warme Standorte und relativ trockene, kalkhaltige, durchlässige Böden.

Eigenschaften Trockenheitsverträglich, treibt spät aus, empfindlich gegenüber Winternässe.

Im Garten Mediterraner Garten, Bodendecker, Trockenmauern.

Kulturpflanze Seit spätestens 1845 in Gartenkultur.

Vermehrung Am besten Teilung im Frühjahr oder Kopfstecklinge im Frühsommer.

Geeignete Partner Coopers Mittagsblume *(Delosperma cooperi)*, Echtes Sonnenröschen *(Helianthemum nummularium)*, Südafrikanische Strohblume *(Helichrysum milfordiae)*, Kleine Bart-Schwertlilie *(Iris barbata-nana)*, Porzellanröschen oder Gewöhnliche Bitterwurz *(Lewisia cotyledon)*, Weißer Mauerpfeffer oder Weiße Fetthenne *(Sedum album)*, Echtes Federgras *(Stipa pennata)*.

Weitere Arten:

Graugrünes Igelpolster
(Acantholimon glumaceum)

Kurzschäftiges Igelpolster
(Acantholimon ulicinum)

Silbrige Grasnelke
(Armeria canescens)

Nutzen

Boden: Festigt und schützt vollsonnige Böschungen.

Wildtiere: Als Herbstblüher für Bienen, Hummeln und Schmetterlinge wertvoll, vor allem des Nektars wegen, Pollen wird nur wenig produziert.

Artischocke

Cynara cardunculus **subsp. *scolymus***
(Korbblütler)

Winterhärtezone: 7b
Blütezeit: August–September

Steckbrief Bis 120 cm hohe, immergrüne Staude mit graufilzig behaarten, gefiederten, bis 70 cm langen Blättern. Blütenkorb groß, 6–12 cm im Durchmesser, mit dachziegelig angeordneten Hüllblättern und violetten Röhrenblüten.

Verbreitung Die Kardone (subsp. *cardunculus*) ist im weiten Mittelmeergebiet von den Kanaren bis in den Iran beheimatet.

Standort & Boden Liebt nährstoffreiche, tiefgründige Böden in warmer, sonniger Lage.

Eigenschaften Genauso wertvolle Gemüse- wie auch Zierpflanze. Im Herbst sollten die Blätter als Schutz vor zu viel Feuchtigkeit zusammengebunden werden.

Im Garten Gemüsegarten, mediterraner Garten, Parks, Großgärten.

Kulturpflanze Nur aus der Kultur bekannt, diese aber bereits seit etwa dem 1. Jh. n. Chr.

Vermehrung Aussaat von vorgequollenem Samen von Dezember bis Februar. Keimlinge in humose Erde vereinzeln und im Mai auspflanzen. Vegetativ durch Abtrennen und Eintopfen von Grundsprossen nach der Blüte.

Geeignete Partner Orange Inkalilie *(Alstromeria aurantiaca)*, Gelbe Junkerlilie *(Asphodeline lutea)*, Garten-Reitgras *(Calamagrostis ×acutiflora)*, Wolliger Fingerhut *(Digitalis lanata)*, Echter Lavendel *(Lavan-*

Weitere Arten:

Kardone
(*Cynara cardunculus.* subsp. *cardunculus*)

Artischocke
(*Cynara cardunculus* subsp. *scolymus*)

Artischocke
(*Cynara cardunculus* subsp. *scolymus*)

dula angustifolia), Wimper-Perlgras *(Melica ciliata)*, Rosmarin *(Rosmarinus officinalis)*, Schwarzer Germer *(Veratrum nigrum)*.

Nutzen

Gemüse: Die Artischocke ist aus der Kardone *(Cynara cardunculus* subsp. *cardunculus)*, einer Wildform aus dem gesamten Mittelmeerraum, entstanden. 1466 wurden in Neapel erzeugte Artischockentriebe als Feinschmeckergemüse nach Florenz und Venedig geliefert. 1548 zog man sie erstmals in England und 1650 in Deutschland. Artischocken gelten von jeher als edles Gemüse. Beim Adel bedeutete ihr Verzehr Reichtum und gehobene Lebensart. Nach dem 18. Jh. geriet sie als Gemüse fast in Vergessenheit, um 1925 in Frankreich wiederentdeckt zu werden.

Arzneipflanze: Artischocken wirken appetitanregend, harntreibend, blutzuckersenkend und sind seit langer Zeit als Diuretikum bekannt. Die Pflanze beinhaltet Vitamine aus der B-Gruppe, Phosphor und phenolische Stoffe. Von Letzteren ist besonders das Cynarin hervorzuheben, welches die Gallenblasensekretion anregt und daher in der Pharmazie Anwendung findet. In zahlreichen Arzneimitteln gegen Leber-, Galle- und Blasenerkrankungen ist Cynarin enthalten, auch gegen erhöhte Blutfettwerte wird es eingesetzt.
Floristik: Wegen ihrer ornamentalen Form und der lange haltbaren Blüten gerne in der Blumenbinderei eingesetzt.
Wildtiere: Wie alle Disteln eine hervorragende Bienenweide.

Lesotho-Mittagsblume

Delosperma nubigenum
(Mittagsblumengewächs)

Winterhärtezone: 6b
Blütezeit: Juni–Juli

Steckbrief Kriechende, reich verzweigte, Polster bildende Staude. Blätter sukkulent, schwach dreikantig, oberseits abgeflacht. Blüten gelb, 1,5–2 cm im Durchmesser, sich nur bei Sonnenschein öffnend.

Verbreitung Beheimatet in den Gebirgen Südafrikas um 3000 m Seehöhe.

Standort & Boden Liebt durchlässige, karge Sandböden und vollsonnige Standorte.

Eigenschaften Winternässeempfindlich, trockenheitsverträglich. Frühjahrspflanzung empfehlenswert.

Im Garten Steingarten, Wegränder, Mauern, als Bodendecker, Dachgarten, Rabatten, Sukkulentenbeet.

Kulturpflanze Mittagsblumen werden in zahlreichen Sorten im Pflanzenhandel angeboten, so 'Golden Nugget' mit goldgelben Blüten, 'Peach Star' mit pfirsichfarbenen Sternblüten, 'White Nugget' mit reinweißen Blüten, 'Mesa Verda' mit lachsrosa Blüten und 'Wheels of Wonder' als einjährige Mischung mit unterschiedlichen, prächtigen Blütenfarben.

Vermehrung Am einfachsten durch Stecklinge, aber auch Teilung des Wurzelballens im Frühling oder Aussaat der Samen unter Glas ab Februar möglich.

Geeignete Partner Südafrikanische Purpurdistel *(Berkheya purpurea)*, Garten-Montbretie *(Crocosmia ×crocosmiiflora)*, Gerandete Schopflilie *(Eucomis bicolor)*, Weiße Kaphyazinthe *(Galtonia candicans)*, Stern-Gladiole *(Gladiolus murielae)*, Schopf-Fackellilie *(Kniphophia uvaria)*, Löwenohr *(Leonotis leonurus)*, Siebolds Mauerpfeffer *(Sedum sieboldii)*.

Nutzen
Boden: Schützt erosionsgefährdete Böden.
Wildtiere: Gute Insektenweide.

Weitere Arten:

Dunkellaubige Mittagsblume
(Delosperma alpina)

Coopers Mittagsblume
(Delosperma cooperi)

Einjährige Mittagsblume
(Delosperma 'Wheels of Wonder')

Steckbrief 60–120 cm hohe, langlebige Staude mit unpaarig gefiederten Blättern und Blütenständen in endständigen Trauben. Stängel mit zahlreichen schwarzen Drüsen. Kronblätter rosa, mit dunklen Adern. Blüten nach Zitrone und Nelken duftend.

Verbreitung Eurasiatische Art von der Iberischen Halbinsel bis ins Amurgebiet. In Europa im südlichen und mittleren Teil, nördlich bis Schlesien. In Mitteleuropa selten und gefährdet.

Standort & Boden Liebt mäßig trockene, kalkreiche Böden und sonnige bis halbschattige, warme Standorte.

Eigenschaften Sehr langlebig, mag ein ungestörtes Dasein, schlecht schnittverträglich, nicht schneckengefährdet. Wirkt fototoxisch. Bei Arbeiten mit der Art sollten Handschuhe getragen werden, anderenfalls kann sie bei Sonnenschein Blasen auf der Haut verursachen.

Im Garten Steppengarten, Staudenbeet, Duftgarten, Gehölzrand.

Kulturpflanze Seit spätestens dem 12. Jh. aus der Gartenkultur bekannt.

Vermehrung Am besten Aussaat gleich zur Samenreife im Sommer. (Bei Vollreife werden die Samen herausgeschleudert, die Ernte erschwert.) Nun braucht der Diptam sechs Wochen über 20 °C Bodenwärme und als Kaltkeimer rund sieben Wochen unter 2 °C. Danach erfolgt die Keimung, manchmal aber auch erst ein Jahr später. Teilung alter Stöcke nur bedingt möglich.

Geeignete Partner Gelber Lauch *(Allium flavum)*, Ästige Graslilie *(Anthericum ramosum)*, Büschel-Glockenblume *(Campanula glomerata)*, Aufrechte Waldrebe *(Clematis recta)*, Bunte Wolfsmilch *(Euphorbia polychroma)*, Goldschopf oder Gold-Steppenaster *(Galatella linosyris)*, Blut-Storchschnabel *(Geranium sanguineum)*, Gras-Schwertlilie *(Iris graminea)*, Gelber Lein *(Linum flavum)*, Echtes Federgras *(Stipa pennata)*.

Nutzen
Wildgemüse: Die Blätter sind von April bis Juni zur Teebereitung verwendbar. Dieser schmeckt nach Zitrone und zeugt von der Verwandtschaft des Diptams mit den Zitruspflanzen.
Wildtiere: Wertvolle Nahrungspflanze für Wildbienen, Honigbienen, Tagfalter und Hummeln. Der prächtige Schwalbenschwanz hat sich auf Pflanzen spezialisiert, die Furanocumarine enthalten. Dazu gehören die Doldenblütler und die Rautengewächse. Die Furanocumarine wirken im Zusammenspiel mit UV-Licht giftig aufgrund von speziellen Enzymen, aber nicht für die Schwalbenschwanz-Raupe.

Diptam-Blüte
(Dictamnus albus)

Diptam-Fruchtstand
(Dictamnus albus)

Weißblütiger Diptam
(Dictamnus albus fo. *albiflora)*

Diptam

Dictamnus albus
(Rautengewächs)

Winterhärtezone: 3
Blütezeit: Mai–Juni

Steckbrief Immergrüner, kurzlebiger Halbstrauch, 40–70 cm hoch. Blätter ledrig, schmal lanzettlich, glänzend. Blüten zweifarbig braunrot und orangegelb.

Verbreitung Beheimatet im westlichen Mittelmeergebiet, genauer in Spanien und Marokko.

Standort & Boden Braucht durchlässige, steinige, eher trockene, gern kalkhaltige Böden und warme, sonnige, geschützte Lagen.

Eigenschaften Wärmebedürftig, nicht schneckenanfällig, empfindlich gegenüber Staunässe. Giftig.

Im Garten Steingarten, Staudenbeet, mediterraner Garten.

Vermehrung Aussaat gleich nach der Fruchtreife im Sommer. Lichtkeimer. Vegetative Vermehrung durch Abnehmen der neu gebildeten Grundrosetten nach dem Entfernen der Blütenstände möglich. Selbstaussaat.

Geeignete Partner Karwinski-Berufkraut *(Erigeron karwinskianus)*, Pracht-Storchschnabel *(Geranium ×magnificum)*, Spanisches Hasenglöckchen *(Hyacinthoides hispanica)*, Violettes Leinkraut *(Linaria purpurea)*, Persische Kardendistel *(Morinia persica)*, Illyrische Eselsdistel *(Onopordum illyricum)*, Schmalblättrige Pfingstrose *(Paeonia tenuifolia)*, Violette oder Purpur-Königskerze *(Verbascum phoeniceum)*.

Nutzen

Wildtiere: Die Blüten nutzen vor allem Hummeln als Nahrungsquelle.
Auf Fingerhut-Arten angewiesen ist der Gelbfingerhut-Blütenspanner *(Eupithecia pyreneata)*, auch die Raupen des Roten Scheckenfalters *(Melitaea didyma)* fressen an Fingerhut.

Weitere Arten:

Rostroter Fingerhut *(Digitalis ferruginea)*

Glatter Fingerhut *(Digitalis laevigata)*

Wolliger Fingerhut *(Digitalis lanata)*

Dunkler Fingerhut

Digitalis obscura
(Wegerichgewächs)

Winterhärtezone: 8
Blütezeit: Juni–August

Flachblättrige Mannstreu

Eryngium planum
(Doldenblütler)

Winterhärtezone: 4
Blütezeit: Juni–September

Steckbrief 40–100 cm hohe Staude mit eilänglichen, ungeteilten Grundblättern und stahlblau gefärbten Blütenständen.

Verbreitung Osteuropäisch-westasiatische Art, westlich bis Niederösterreich und östlich bis Kaschmir reichend.

Standort & Boden Liebt sandige, frische Böden und warme, sonnige Standorte.

Eigenschaften Windfest, wühlmausgefährdet, schlecht mahdverträglich, nicht schneckengefährdet. Je trockener der Boden, desto intensiver färben sich die Blütenstände. Rückschnitt erst im Frühling empfehlenswert, um den schönen Winteraspekt zu erhalten.

Im Garten Steppengarten, Bauerngarten, Kiesbeete, Sandrasen.

Vermehrung Aussaat gleich nach der Fruchtreife oder Wurzelschnittlinge in den Wintermonaten. Dunkel- und Kältekeimer.

Geeignete Partner Schlangen-Lauch *(Allium scorodoprasum)*, Echte Ochsenzunge *(Anchusa officinalis)*, Wiesen-Alant *(Inula britannica)*, Sand-Schwertlilie *(Iris arenaria)*, Thüringer Strauchpappel *(Malva thuringiaca*, Syn. *Lavatera thuringiaca)*, Schopf-Traubenhyazinthe *(Muscari comosum)*, Gelbe Hauhechel *(Ononis natrix)*, Knollen-Brandkraut *(Phlomis tuberosa)*, Steppen-Salbei *(Salvia nemorosa)*, Mehlige Königskerze *(Verbascum lychnitis)*.

Weitere Arten:

Bourgat-Mannstreu
(Eryngium bourgatii)

Große oder Riesen-Mannstreu
(Eryngium giganteum)

Strand-Mannstreu
(Eryngium maritimum)

Nutzen

Wildgemüse: Junge Triebe können im April/Mai roh in Salaten oder gekocht wie Spargel genossen werden.

Arzneipflanze: Wurzel und Kraut werden in der Volksheilkunde unter anderem bei Keuchhusten und Entzündungen der Harnwege eingesetzt.

Floristik: Zum Trocknen; damit die Hochblätter ihre amethystblaue Farbe behalten, schneidet man diese bereits, wenn die ersten winzigen Blüten gerade aufmachen. Getrocknet wird kopfüber an einem luftigen Ort ohne direkte Sonne.

Wildtiere: Beliebte Pollen- und Nektarquelle des Hochsommers. Vor allem zahlreiche Wildbienen, Gold-, Grab-, Weg- und Faltenwespen stellen sich gerne ein, aber auch Käfer wie der Gebänderte Pinselkäfer *(Trichius fasciatus)*, Wanzen wie die Streifenwanze *(Graphosoma lineatum)* oder die Hornissenschwebfliege *(Volucella zonaria)*.

Hunds-Zahnlilie

Erythronium dens-canis
(Liliengewächs)

Winterhärtezone: 5
Blütezeit: März–April

Steckbrief 5–15 cm hohe, langlebige Staude mit hübschen, braun gescheckten Blättern und purpurnen, nickenden Blüten.

Verbreitung Beheimatet im südlichen Europa von Nordportugal und Nordgriechenland bis in die Schweiz und ins südliche Österreich.

Standort & Boden Liebt Waldböden mit einer Laubschicht als Mulch und gedeiht am besten in durchlässigen, humosen Lehmböden in halbschattigen Lagen.

Eigenschaften Waldpflanze, sonnige Lagen werden nur bei genügender Bodenfeuchtigkeit angenommen. Schneckengefährdet, mahdverträglich ab Juni. Pflanzung am besten im September bis Oktober in 12–15 cm Tiefe.

Im Garten Schattengarten, frische Wiesen.

Kulturpflanze Seit mindestens dem 16. Jh. in Kultur, wobei etwa ein Dutzend Sorten bekannt sind.

Vermehrung Durch Brutzwiebeln, die nicht austrocknen dürfen und gleich wieder in die Erde gesteckt werden sollten. Aussaat gleich nach der Samenreife möglich. Bis zur blühfertigen Pflanze dauert es aber drei bis vier Jahre. Wärme- und Dunkelkeimer.

Weitere Sippen:

Berg-Zahnlilie
(Erythronium montanum)

Altai-Zahnlilie
(Erythronium sibiricum)

Gelbe Zahnlilie
(*Erythronium* 'Pagoda')

Geeignete Partner Europäische Haselwurz *(Asarum europaeum)*, Illyrischer Krokus *(Crocus illyricus)*, Wald-Goldstern *(Gagea lutea)*, Echtes Schneeglöckchen *(Galanthus nivalis)*, Hecken-Nieswurz *(Helleborus dumetorum)*, Wiesenrauten-Muschelblümchen *(Isopyrum thalictroides)*, Frühlings-Gedenkmein *(Omphalodes verna)*, Stängellose Primel *(Primula vulgaris)*, Zweiblättriger Blaustern *(Scilla bifolia)*, Knollen-Beinwell *(Symphytum tuberosum)*.

Nutzen

Wildgemüse: Auch wenn es kaum jemand übers Herz bringen würde – die Zwiebel kann roh oder gekocht gegessen werden und soll gut schmecken. Sie wird von Sommer bis Winter geerntet, wobei die zerbrechlichen Brutzwiebeln für den Fortbestand im Boden belassen bleiben.

Wildtiere: Die frühe Blütezeit nutzen vorrangig Hummeln, Bienen und als fertiges Insekt überwinternde Schmetterlinge.

Busch-Wolfsmilch

Euphorbia ×martinii
(Wolfsmilchgewächs)

Winterhärtezone: 7
Blütezeit: April–Mai

Steckbrief 30–60 cm hohe, Milchsaft führende, immergrüne Staude mit sterilen Trieben. Blätter verkehrt eilanzettlich, in den kurzen Blattstiel verschmälert, in der Mitte des Blühtriebes rosettig gehäuft. Endständige Scheindolde 5- bis 9-strahlig, Tragblätter verwachsen. Nektardrüsen mondsichelförmig, purpurrot.

Verbreitung Naturhybride aus Mandel-Wolfsmilch *(Euphorbia amygdaloides)* und Palisaden-Wolfsmilch *(E. characias)*, erstmals in Südfrankreich gefunden.

Standort & Boden Liebt humose, kalkhaltige, durchlässige Böden in sonniger bis höchstens halbschattiger Lage und wärmebegünstigte Standorte.

Eigenschaften Schwermetalltolerant, empfindlich gegen Staunässe, nicht schneckengefährdet. Giftig. Da sich die Blüten an den Trieben des Vorjahres bilden, darf im Frühjahr nicht stark zurückgeschnitten werden.

Kulturpflanze Die Busch-Wolfsmilch verbindet die Formschönheit der Palisaden-Wolfsmilch mit der Winterhärte der Mandel-Wolfsmilch.

Im Garten Mediterraner Garten, Gehölzsaum, Staudenbeet, Tröge.

Vermehrung Am besten Teilung im Herbst oder Stecklingsvermehrung im Frühjahr. Um den Fluss des Milchsaftes zu stoppen, die Stecklinge nach dem Schnitt in lauwarmes Wasser tauchen. Wegen des giftigen Milchsaftes sollten bei der Arbeit Handschuhe und Schutzbrillen getragen werden.

Geeignete Partner Kriechender Günsel *(Ajuga reptans)*, Echter oder Gewöhnlicher Seidelbast *(Daphne mezereum)*, Großblütige Taubnessel *(Lamium orvala)*, Frühlings-Platterbse *(Lathyrus vernus)*, Immenblatt *(Melittis melissophyllum)*, Wald-Vergissmeinnicht *(Myosotis sylvatica)*, Frühlings-Gedenkmein *(Omphalodes verna)*, Pimpernuss *(Staphylea pinnata)*, Schwarzer Germer *(Veratrum nigrum)*.

Nutzen

Wildtiere: Auf *Euphorbia*-Arten spezialisiert haben sich unter anderem die Wolfsmilchwanzen-Arten *Dicranocephalus albipes* und *D. medius*. Die Blütenstände werden in erster Linie von Fliegen besucht. Der für sie bequem erreichbare Nektar wird von Drüsen abgeschieden, die sich am Rand des Blütenbechers befinden. Naschen die Tiere von dem süßen Saft, müssen sie in den jüngeren Blütenständen die Narben, in den älteren die Staubbeutel berühren und führen so die Fremdbestäubung durch.

Weitere Arten:

Palisaden-Wolfsmilch
(Euphorbia characias)

Himalaja-Wolfsmilch
(Euphorbia griffithii)

Aufrechte Wolfsmilch
(Euphorbia rigida)

Steckbrief Bis etwa 1 m hohe, buschige, kurzlebige Staude. Blätter elliptisch, schwach gebuchtet. Kronblätter weiß, sich später rosa färbend, Kelchblätter rosa. Frucht vierkantig, sich an beiden Enden gleichmäßig verschmälernd.

Verbreitung Beheimatet in Prärien und lichten Kiefernwäldern des südlichen Nordamerika.

Standort & Boden Liebt warme, vollsonnige, windgeschützte Standorte und trockene, durchlässige, sandige oder steinige Böden.

Eigenschaften Rückschnitt nach der Blüte fördert Dauerblüte. Empfindlich gegenüber Winternässe.

Im Garten Kiesbeete, Rabatte, Tröge, Grüninseln, Präriegarten, Rosengarten.

Kulturpflanze In Europa seit spätestens 1850 in gärtnerischer Kultur. 'Cool Breeze' hat reinweiße Blüten, 'Corrie's Gold' gelb panaschierte Blätter und weiße Blüten, 'Siskiyou Pink' hellrosa Blüten, 'Gambit Rose' kräftigrosa Blüten, 'Short Form' weiße Blüten und einen kompakten Wuchs, 'Sunset Dreams' blüht rosa und ist im Wuchs kompakt.

Vermehrung Stecklinge vegetativer Triebe im Juni. Selbstaussaat.

Geeignete Partner Moskitogras *(Bouteloua gracilis)*, Pracht-Storchschnabel *(Geranium ×magnificum)*, Scheinglockenblume oder Türkenglocke *(Michauxia campanuloides)*, Echtes Lampenputzergras *(Pennisetum alopecuroides)*, Blauraute oder Fiederschnittige Perowskie *(Perovskia abrotanoides)*, Rehmannie *(Rehmannia elata)*, Dreilappiger Sonnenhut *(Rudbeckia triloba)*.

Nutzen

Wildtiere: Das Blütenwunder Prachtkerze ist vor allem bei Honigbienen, Hummeln und Schwebfliegen beliebt. Da sich laufend neue Blüten bilden, kann die Blütezeit von Juli bis zum ersten Frost andauern.

Weitere Arten:

Mandelröschen oder Zierliche Clarkie *(Clarkia unguiculata)*

Rosmarin-Weidenröschen *(Epilobium dodonaei)*

Moskitoblume oder Mexikanische Lopezie *(Lopezia racemosa)*

Lindheimer-Prachtkerze

Gaura lindheimeri
(Nachtkerzengewächs)

Winterhärtezone: 7
Blütezeit: Juli–Oktober

Steckbrief 10–40 cm hohe, langlebige, aromatisch riechende Staude mit auffallend kräftigem, fast oberirdischem Rhizom. Blätter handförmig gespalten, Abschnitte tief kerbsägig bis fiederspaltig. Teilblütenstand 3- bis 9-blütig. Kronblätter purpurrosa, 15–20 mm lang, Staubfäden rot.

Verbreitung Südosteuropäische Art, westlich bis zu den Seealpen, nördlich bis Kärnten.

Standort & Boden Bevorzugt trockene bis frische, nährstoffreiche, kalkreiche, steinige Böden und sonnige bis halbschattige Standorte.

Eigenschaften Wärmeliebend, hitzeverträglich, frosthart, robust und anspruchslos, nicht schneckengefährdet. Bei schweren, winternassen Böden kann das Rhizom abfaulen. Durch den dichten Wuchs lässt der Duft-Storchschnabel kaum Unkraut aufkommen. Hunde mögen den Geruch der ätherischen Öle nicht und halten sich meist fern.

Im Garten Unterpflanzung von Gehölzen, Bodendecker für öffentliches Grün, Tröge, Felsengarten, Staudenbeet.

Kulturpflanze Seit spätestens 1588 in gärtnerischer Kultur. In zahlreichen Sorten, so 'Spessart' mit kompaktem Wuchs und weißlichen Blüten, 'Ingwersen's Variety' mit hellrosa Blüten, 'White Ness' mit reinweißen Blüten, frischgrünem Laub und niedrigerem Wuchs, 'Bevan' mit purpurrosa Blüten und gut wintergrünem Laub, 'Freundorf' mit kissenartig bodendeckendem Wuchs und purpurrosa Blüten,

Duft-Storchschnabel

Geranium macrorrhizum
(Storchschnabelgewächs)

Winterhärtezone: 4
Blütezeit: Mai–Juni

Weitere Arten:

Grauer Storchschnabel
(Geranium cinereum)

Pracht-Storchschnabel
(Geranium ×magnificum)

Blut-Storchschnabel
(Geranium sanguineum)

'Witoscha' aus dem gleichnamigen bulgarischen Gebirge mit purpurrosa Blüten und teppichartigem Wuchs, 'Czakor' mit intensiv pinken Blüten und starkem Ausbreitungsdrang.

Vermehrung Über Teilung im zeitigen Frühjahr, durch Wurzelschnittlinge von November bis März bei nicht gefrorenem Boden oder Aussaat. Die meisten *G.-macrorrhizum*-Sorten sind selbststeril, setzt man aber Pflanzen verschiedener Herkünfte, kommt es zur Samenbildung.

Geeignete Partner Dunkle oder Schwarzviolette Akelei *(Aquilegia atrata)*, Zwerg-Glockenblume *(Campanula cochleariifolia)*, Alpen-Steinquendel *(Clinopodium alpinum)*, Herzblättrige Gämswurz *(Doronicum columnae)*, Gelbe Elfenblume *(Epimedium ×perralchicum)*, Berg-Laserkraut *(Laserpitium siler)*, Quirl-Salbei *(Salvia verticillata)*, Felsen-Mauerpfeffer oder -Fetthenne *(Sedum rupestre)*.

Nutzen

Duftpflanze: Streicht man über die Blätter, kommt der würzige Duft besonders stark zur Geltung. Durch Destillieren wird aus der Pflanze ein Duftöl für die Parfümherstellung gewonnen, bekannt als Geraniumöl oder Zdravetzöl.

Wildtiere: Wertvolle Insektennahrungspflanze. Neben Honigbienen und Hummeln gehören Wildbienen wie Mauer-, Sand-, Scheren-, Furchen- und Maskenbienen zu den häufigsten Gästen. Nektar saugend können unter anderem Aurorafalter, Tagpfauenauge, Veilchen-Perlmuttfalter, Ockergelber Dickkopffalter, Schwarzkolbiger Dickkopffalter und Schwarzbrauner Bläuling, auch Storchschnabel-Bläuling genannt, beobachtet werden. Storchschnabel-Blütenblätter dienen der Mauerbiene *Osmia tergestensis* zum Bauen ihrer Brutzellen. Deren Wände sind dreilagig und bestehen aus zwei Schichten Blütenblattstücken, die durch eine mittlere Schicht aus Erde miteinander verklebt sind.

Kronen-Süßklee

Hedysarum coronarium
(Hülsenfrüchtler)

Winterhärtezone: 8
Blütezeit: Mai–Juni

Steckbrief 20–100 cm hohe Mehrjährige mit Pfahlwurzel und unpaarig gefiederten Blättern. Blättchen 5–11, eiförmig, 1,5–4 cm lang. Blütenstände aus 10–40 leuchtend purpurroten Blüten. Früchte 1- bis 4-teilige Gliederhülsen mit jeweils einem rundlichen, seitlich abgeflachten Samen.

Verbreitung Beheimatet im westlichen Mittelmeergebiet. Die natürliche östliche Arealgrenze ist aufgrund der langen Kultur nicht bekannt.

Standort & Boden Liebt mäßig nährstoffarme, trockene Böden und sonnige, warme Standorte.

Eigenschaften Trockenresistent.

Im Garten Erdhügel, mediterraner Garten, Blumenwiesen.

Kulturpflanze Kultur zu Zierzwecken in Mittel- und Nordeuropa lange belegt. So liegen Nachweise aus Skandinavien aus dem Jahr 1610 vor, aus Zürich von 1715 und aus Nürnberg von 1761. Danach ist die Gartenkultur in Mitteleuropa zurückgegangen.

Vermehrung Am einfachsten Aussaat im Spätsommer.

Geeignete Partner Gelbe Junkerlilie *(Asphodeline lutea)*, Garten-Borretsch *(Borago officinalis)*, Echte Ringelblume *(Calendula officinalis)*, Rote Spornblume *(Centranthus ruber)*, Kriechende Hornnarbe

Weitere Arten:

Knäuel-Süßklee
(Hedysarum glomeratum)

Echte oder Saat-Esparsette
(Onobrychis viciifolia)

Bunte Esparsette
(Onobrychis ptolemaica)

(Ceratostigma plumbaginoides), Östlicher oder Orientalischer Rittersporn *(Consolida hispanica)*, Kronen-Wucherblume *(Glebionis coronaria)*, Bunte Esparsette *(Onobrychis ptolemaica)*.

Nutzen

Boden: Dank des tief reichenden Wurzelwerks ein guter Bodenfestiger und aufgrund des dichten Wuchses als Erosionsschutz nützlich. Reichert als Hülsenfrüchtler den Boden mit Stickstoff aus der Luft an.
Wildtiere: Wertvolle Futterpflanze und Bienenweide.

Apenninen-Sonnenröschen

Helianthemum apenninum
(Zistrosengewächs)

Winterhärtezone: 6b
Blütezeit: Mai–Juli

Steckbrief 10–30 cm hoher Zwergstrauch mit dünnfilzig behaarten, am Rand umgerollten, lineal-länglichen Blättern. Kronblätter weiß, am Grund mit gelbem Fleck, Blüten 20–30 mm im Durchmesser.

Verbreitung Mediterrane Art von Südspanien und Südengland bis Kleinasien.

Standort & Boden Liebt trockene, kalkhaltige, nährstoffarme Böden und vollsonnige Standorte.

Eigenschaften Eine der kalkverträglichsten Kulturpflanzen, findet selbst im Wellenkalk mit 61,9 % Kalkgehalt noch ihr Fortkommen. Salztolerant.

Im Garten Trockenmauern über Kalkgestein, Felsrasen, Steingärten, Tröge.

Vermehrung Durch Stecklinge im Sommer oder Aussaat im Frühling. Lichtkeimer.

Geeignete Partner Berg-Steinkraut *(Alyssum montanum)*, Herzblättrige Kugelblume *(Globularia cordifolia)*, Hufeisenklee *(Hippocrepis comosa)*, Kleine Bart-Schwertlilie *(Iris barbata-nana)*, Frühlings-Fingerkraut *(Potentilla verna)*, Echte Kuhschelle *(Pulsatilla vulgaris)*, Kleiner Wiesenknopf *(Sanguisorba minor)*, Felsen-Mauerpfeffer oder -Fetthenne *(Sedum rupestre)*, Früher Quendel *(Thymus praecox)*.

Nutzen

Wildtiere: Sonnenröschen Blätter nutzt die Mauerbiene *Osmia mitis* zur Außengestaltung der Brutzellen. Diese bestehen aus länglichen Blattstücken, die derart ineinander geschachtelt werden, dass die Zellen schließlich die Form kleiner Föhrenzapfen annehmen.
Raupenfutterpflanze unter anderem für Kleinen Sonnenröschen-Bläuling *(Aricia agestis)*, Großen Sonnenröschen-Bläuling *(Aricia artaxerxes)*, Grünen Zipfelfalter *(Callophrys rubi)*, Sonnenröschen-Grünwidderchen *(Adscita geryon)*, Südwestdeutsches Grünwidderchen *(Adscita mannii)*, Rostspinner *(Ocneria rubea)*, Sonnenröschen-Würfel-Dickkopffalter *(Pyrgus alveus)* und Argus-Bläuling *(Plebejus argus)*.

Weitere Sippen:

Echtes Sonnenröschen
(Helianthemum nummularium)

Garten-Sonnenröschen
(Helianthemum cvar. 'Ben Ledi')

Garten-Sonnenröschen
(Helianthemum cvar. 'Mrs. Mold')

Großblütiges Johanniskraut

Hypericum calycinum
(Johanniskrautgewächs)

Winterhärtezone: 6
Blütezeit: Juni–August

Steckbrief 20–40 cm hoher, immergrüner bis wintergrüner Zwergstrauch mit zahlreichen, bogig aufsteigenden, meist vierkantigen Stängeln, diese am Grund verholzt. Blätter gegenständig, breit oval, ganzrandig, 5–10 cm lang, nach oben größer werdend. Blüten einzeln, gelb, Kronblätter 3–4 cm lang. Staubblätter zahlreich, am Grund in 5 Büschel verwachsen.

Verbreitung Beheimatet in Südosteuropa und Nordanatolien.

Standort & Boden Für jeden normalen Gartenboden in sonniger bis halbschattiger Lage.

Eigenschaften Gut schnittverträglich, nicht schneckengefährdet.

Im Garten Bodendecker.

Kulturpflanze 1675 vom englischen Botaniker und Geistlichen George Wheler (1651–1724) bei seiner Orientreise nahe Konstantinopel gefunden und nach England gebracht.

Vermehrung Abtrennen der Ausläufer, Aussaat, Stecklinge oder Teilung.

Geeignete Partner Seiden-Frauenmantel *(Alchemilla sericata)*, Kaukasusvergissmeinnicht *(Brunnera macrophylla)*, Morrows oder Japan-Segge *(Carex morrowii)*, Großblütige Elfenblume *(Epimedium*

Weitere Arten:

Blut-Johanniskraut
(Hypericum androsaemum)

Olymp-Johanniskraut
(Hypericum olympicum)

Echtes Johanniskraut oder Tüpfel-Hartheu
(Hypericum perforatum)

grandiflorum), Duft-Storchschnabel *(Geranium macrorrhizum)*, Pracht-Storchschnabel *(Geranium ×magnificum)*, Teppich-Knöterich *(Persicaria affinis)*.

Nutzen

Wildtiere: Wertvolle Pollenpflanze für zahlreiche Insekten, so Sandbienen, Schwebfliegen, Hummeln und Käfer.

Blutgras

Imperata cylindrica
(Süßgras)

Winterhärtezone: 6
Blütezeit: Mai–Juni

Steckbrief Bis 40 cm hohe, straff aufrecht wachsende Staude mit grün austreibenden, schmal lanzettlichen Blättern, die sich im Laufe des Sommers rot färben und im Spätherbst verblassen. Blüten bräunlich rot in Rispen, im Gebiet aber meist nicht gebildet.

Verbreitung Beheimatet in Ostasien.

Standort & Boden Liebt warme, geschützte Standorte und normale, kalkarme Gartenböden.

Eigenschaften Spät austreibend, nicht schneckengefährdet. Rückschnitt, wenn überhaupt, im Frühling durchführen.

Im Garten Staudenbeet, Vorgarten, Tröge.

Kulturpflanze Die bis 1 m hohe Wildart wird gärtnerisch kaum verwendet. Meist findet sich die niedrigere, rotblättrige 'Red Baron' im Gartenhandel, die von Kurt Bluemel aus *Imperata cylindrica* var. *koenigii* ausgelesen wurde.

Vermehrung Teilung des Wurzelstocks im Frühling.

Geeignete Partner Plattährengras *(Chasmanthium latifolium)*, Bärenfellgras oder Bärenfell-Schwingel *(Festuca scoparia)*, Lindheimer-Prachtkerze *(Gaura lindheimeri)*, Gewöhnliche Blasenkirsche oder Lampionblume *(Physalis alkekengi)*, Ballonblume *(Platycodon grandiflorus)*, Pracht-Fetthenne *(Sedum spectabile*, jetzt *Hylotelephium spectabile)*, Polster-Herbstaster *(Symphyotrichum dumosum)*.

Weitere Arten:

Plattährengras
(Chasmanthium latifolium)

Gelbbuntes Zwergschilf
(Hakonechloa macra fo. *aureola)*

Echtes Lampenputzergras
(Pennisetum alopecuroides)

Nutzen

Boden: Das tief reichende, stark verzweigte Wurzelwerk festigt Böschungen und erosionsgefährdete Böden.

Schwert-Alant

Inula ensifolia
(Korbblütler)

Winterhärtezone: 5
Blütezeit: Juni–August

Steckbrief 10–40 cm hohe, langlebige Staude. Blätter länglich lanzettlich, steif, spitz, am Rand rau. Blütenkörbe 30–50 mm im Durchmesser, Zungenblüten überragen Hülle weit.

Verbreitung Osteuropäische Art.

Standort & Boden Liebt trockene, nährstoffarme, kalkreiche Böden und sonnig-warme Standorte.

Eigenschaften Verträgt einmalige Mahd im Jahr ab August, nicht schneckengefährdet.

Im Garten Steingarten, Trockenrasen, Kiesbeete.

Kulturpflanze Seit spätestens 1793 aus gärtnerischer Kultur bekannt. In wenigen Sorten, so 'Goldammer' mit kompaktem, niederem Wuchs.

Vermehrung Am besten Teilung im Frühjahr oder nach der Blüte oder Aussaat. Mittlere Keimfähigkeit 70 %. Wärme- und Lichtkeimer.

Geeignete Partner Esparsetten-Tragant *(Astragalus onobrychis)*, Roter Natternkopf *(Echium maculatum)*, Flachblättrige Mannstreu *(Eryngium planum)*, Gelber Lein *(Linum flavum)*, Duft-Weißwurz oder Echtes Salomonssiegel *(Polygonatum odoratum)*, Steppen-Salbei *(Salvia nemorosa)*, Violette Schwarzwurzel *(Scorzonera purpurea)*, Liegender Ehrenpreis *(Veronica prostrata)*.

Nutzen

Wildtiere: Wertvoller Pollenspender für Insekten. Als Blütengäste stellen sich regelmäßig Seiden-, Löcher-, Furchen-, Blattschneider-, Honigbienen, Tagpfauenauge, Kleiner Fuchs, Großes Ochsenauge, Damenbrett, Kaisermantel, Rostfarbiger Dickkopffalter und Ockergelber Braun-Dickkopffalter ein. Eine Vorliebe für die Gattung Alant zeigen unter anderem auch die Seidenbienen *Colletes daviesanus*, *C. fodiens*, *C. similis* und die Maskenbiene *Hylaeus nigritus*.

Weitere Arten:

Rauer Alant
(Inula hirta)

Hoher Alant
(Inula magnifica)

Christusaugen-Alant
(Inula oculus-christi)

Bunte Schwertlilie

Iris variegata
(Schwertliliengewächs)

Winterhärtezone: 6b
Blütezeit: Mai

Steckbrief 15–40 cm hohe Staude mit dickem Rhizom. Blätter lineal, 1–3 cm breit, sichelförmig gekrümmt und in kurze Spitze auslaufend. Blüten 2–4, äußere Kronblätter blassgelb oder gelblich weiß mit gelbem Bart und braunpurpurnen Nerven, innere Kronblätter goldgelb.

Verbreitung Südosteuropäische Art.

Standort & Boden Liebt warme, sonnige bis halbschattige Plätze und trockene, magere Böden.

Im Garten Steppengarten, Gehölzsäume, Staudenbeete, Trockenwiesen.

Kulturpflanze Seit spätestens 1588 in gärtnerischer Kultur.

Vermehrung Am besten im Juli durch Rhizomteilung. Dazu werden die alten Stöcke ausgegraben, mit der Baumschere geteilt und ganz seicht gesetzt, Blätter auf 10 cm einkürzen. Auch Samenvermehrung möglich, doch keimen diese aufgrund ihrer Überlebensstrategie ungleichmäßig und liegen oft ein bis zwei Jahre über. Kälte- und Dunkelkeimer. Rhizomschnittlinge im Januar/Februar möglich.

Geeignete Partner Kartäuser-Nelke *(Dianthus carthusianorum)*, Diptam *(Dictamnus albus)*, Kleines Mädesüß *(Filipendula vulgaris)*, Blut-Storchschnabel *(Geranium sanguineum)*, Echtes Sonnenröschen *(Helianthemum nummularium)*, Zwerg-Mandel *(Prunus tenella)*, Zerr-Eiche *(Quercus cerris)*, Violette oder Purpur-Königskerze *(Verbascum phoeniceum)*.

Weitere Arten:

Deutsche Schwertlilie
(Iris (×) germanica)

Kleine Bart-Schwertlilie
(Iris barbata-nana)

Steppen- oder Wiesen-Schwertlilie
(Iris spuria)

Nutzen

Arzneipflanze: In der Aromatherapie werden verschiedene Schwertlilien-Arten unter anderem zur Hautpflege eingesetzt.

Wildtiere: Als Bestäuber kommen in erster Linie Hummeln und die ihnen sehr ähnlichen Pelzbienen in Frage. Auf der Suche nach Nektar lässt sich die gewichtige Hummel zunächst auf einem der großen Blütenhüllblätter nieder, um sich dann, geleitet von den orangefarbenen Saftmalen, unter den darüberstehenden Griffelast zu zwängen. Auch Käfer kommen gerne zum Naschen. Auf Schwertlilien spezialisiert haben sich unter anderem die Iris-Blattwespe *(Rhadinoceraea micans)* und der Weißpunktierte Schwertlilienrüssler *(Monoychus punctumalbum)*.

Breitblättrige Platterbse

Lathyrus latifolius
(Hülsenfrüchtler)

Winterhärtezone: 5
Blütezeit: Juni–August

Steckbrief Staude mit 50–200 cm langen, niederliegenden bis aufsteigenden Trieben. Blätter einpaarig gefiedert, Blättchen 15–40 mm breit. Blütentrauben 6- bis 14-blütig. Krone purpurn.

Verbreitung Südeuropäische Art, östlich bis in die Ukraine.

Standort & Boden Mag mäßig trockene, kalkreiche Böden und warme, sonnige Standorte, findet sich aber auch auf kalkarmen, humosen Plätzen gut zurecht.

Eigenschaften Langlebig, schwermetalltolerant, trockenheitsertragend. Giftig. Rückschnitt nach der ersten Blüte fördert Nachblüte.

Im Garten Gartenzaun, Steppengarten, Säume.

Kulturpflanze In wenigen Naturauslesen, so 'Weiße Perle' mit strahlend weißen Blüten, 'Rosa Perle' mit hellrosa Blüten, die dunkelrosa genervt sind, und 'Rote Perle' mit pinken Blüten, die bläulich verblühen.

Vermehrung Aussaat oder Abtrennen der bewurzelten Bodenausläufer im Herbst. Wärme- und Dunkelkeimer. Oft Selbstaussaat.

Geeignete Partner Blauroter Steinsame *(Buglossoides purpurocaerulea)*, Blut-Storchschnabel *(Geranium sanguineum)*, Weiden-Alant *(Inula salicina)*, Thüringer Strauchpappel *(Malva thuringiaca*, Syn. *Lavatera thuringiaca)*, Gelber Lein *(Linum flavum)*, Knollen-Brandkraut *(Phlomis tuberosa)*, Quirl-Salbei *(Salvia verticillata)*, Straußmargerite *(Tanacetum corymbosum)*.

Nutzen

Boden: Festigt durch unterirdische Ausläufer das Erdreich.

Wildtiere: Auf Platterbsen und Wicken angewiesen ist die Sandbiene *Andrena lathyri*. Die Heide-Blattschneiderbiene *(Megachile ericetorum)* ist trotz ihres anderslautenden Namens auf Hülsenfrüchtler spezialisiert. Die großen Blüten verschiedener *Lathyrus*-Arten werden gerne von den ebenfalls großen Holzbienen der Gattung *Xylocopa* besucht. Um an den Nektar der Blüten zu gelangen, sind Kraft und eine gewisse Größe notwendig, weshalb neben den Holz- und Blattschneiderbienen vor allem Hummeln die Blüten besuchen, vorrangig Acker-, Garten- und Kuckuckshummeln, aber auch Mörtelbienen und der Zitronenfalter können als Blütengäste beobachtet werden. Daneben kann man immer wieder die Mauerbienen *Osmia tridentata* und *O. acuticornis* und die Blattschneiderbiene *Megachile willughbiella* beim Pollensammeln beobachten.

Weitere Arten:

Großblütige Platterbse
(Lathyrus grandiflorus)

Rundblättrige Platterbse
(Lathyrus rotundifolius)

Frühlings-Platterbse
(Lathyrus vernus)

Schopf-Lavendel

Lavandula stoechas
(Lippenblütler)

Winterhärtezone: 8
Blütezeit: April–Juni

Steckbrief Bis 80 cm hoher und breiter Halbstrauch mit lineal-lanzettlichen, graugrünen Blättern und einem violetten Blütenstand, der von einem Schopf aus Hochblättern gekrönt wird.

Verbreitung Beheimatet im Mittelmeergebiet, westlich bis Madeira und zu den Kanaren reichend.

Standort & Boden Liebt mäßig trockene, nährstoff- und humusarme, durchlässige, kiesige bis sandige, kalkarme Böden und sonnige, geschützte Lagen.

Eigenschaften Geringfügiger Rückschnitt nach der Blüte erbringt buschigeren Wuchs.

Im Garten Mediterraner Garten, Steingarten, Duftbeet.

Kulturpflanze Nördlich der Alpen erst seit Kurzem auch fürs Freiland in Kultur. In mehreren Sorten, so 'Kew Red' mit purpurnen Blütenköpfen und weißen Hochblättern, 'Anouk' mit dunkelvioletten Blüten und silbergrauem Laub, 'Marshwood' mit großen Blüten und lange anhaltendem Blütenflor.

Vermehrung Aussaat oder Stecklinge im Frühjahr. Selbstaussaat.

Geeignete Partner Persischer Lauch *(Allium aflatunense)*, Eberraute *(Artemisia abrotanum)*, Garten-Reitgras *(Calamagrostis ×acutiflora)*, Salbeiblättrige Zistrose *(Cistus salviifolius)*, Baum-Heide *(Erica arborea)*, Wollblatt *(Eriophyllum lanatum)*, Italienische Strohblume oder Currykraut *(Helichrysum italicum)*, Mexikanisches Engelshaar oder Federgras *(Nassella tenuissima)*, Rosmarin *(Rosmarinus officinalis)*.

Nutzen

Arzneipflanze: In der Aromatherapie wird Schopf-Lavendel unter anderem bei bronchialen Erkrankungen eingesetzt.
Räucherpflanze: Die Blüten werden zum Räuchern verwendet und sollen beruhigend wirken.

Weitere Arten:

Echter Lavendel
(Lavandula angustifolia)

Rosmarin
(Rosmarinus officinalis)

Mönchspfeffer
(Vitex agnus-castus)

Liebstöckel

Levisticum officinale
(Doldenblütler)

Winterhärtezone: 4
Blütezeit: Juni–August

Steckbrief Bis 2 m hohe, aromatisch riechende, langlebige, sommergrüne Staude mit Rhizom als Überdauerungsorgan. Blätter dunkelgrün, gefiedert, lang gestielt. Blüten grünlich gelb, in Doppeldolden.

Verbreitung Beheimatet in den Gebirgen vom Iran bis Afghanistan.

Standort & Boden Liebt nährstoffreiche, frische, lehmig-humose Böden in sonniger bis halbschattiger Lage.

Eigenschaften Gibt wachstumshemmende Stoffe ab, daher mit Abstand setzen.

Im Garten Kräutergarten, Hochbeet, Bauerngarten, Staudenbeet.

Kulturpflanze Seit dem frühen Mittelalter in Kultur.

Vermehrung Am besten Teilung der Wurzelstöcke im Frühjahr. Bei Aussaat wird im Frühling oder August 2–3 cm tief gesät. Dunkelkeimer.

Geeignete Partner Schnittknoblauch *(Allium tuberosum)*, Amerikanische Erdbirne *(Apios americana)*, Mangold *(Beta vulgaris)*, Artischocke (*Cynara cardunculus* subsp. *scolymus*), Türkischer Mohn *(Papaver orientale)*, Schwarznessel oder Perilla *(Perilla frutescens)*, Meisterwurz *(Peucedanum ostruthium)*, Schild-Ampfer *(Rumex scutatus)*, Mutterkraut *(Tanacetum parthenium)*, Zier-Mais *(Zea mays)*.

Weitere Arten:

Echtes Rutenkraut oder Riesenfenchel
(Ferula communis)

Fenchel
(Foeniculum vulgare)

Durchwachsene oder Stängelumfassende Gelbdolde
(Smyrnium perfoliatum)

Nutzen

Boden: Das mächtige Blattwerk schützt den Boden vor direkter Sonne und Ausschwemmung.
Gewürzpflanze: Vor allem Blätter und Samen werden als Gewürz für Suppen, Eintopf, Pilzgerichte, Brot, Braten und Käsegerichte genutzt.
Arzneipflanze: Früchte und Wurzeln finden insbesondere bei Verdauungsbeschwerden und Harnwegsinfekten Anwendung.
Wildtiere: Gute Insektenweide.

Narbonner Lein

Linum narbonense
(Leingewächs)

Winterhärtezone: 7
Blütezeit: Mai–Juni

Steckbrief 30–50 cm hohe Staude mit lineal-lanzettlichen Blättern. Blüten blau, meist nur vormittags geöffnet, Kronblätter sich an den Rändern überdeckend.

Verbreitung Beheimatet im westlichen und zentralen Mittelmeergebiet.

Standort & Boden Liebt trockene, nährstoffarme, kalkhaltige Böden und sonnige, warme Lagen.

Eigenschaften Nicht schneckengefährdet.

Im Garten Kiesrasen, Steingarten, Blumenwiesen, Saumgesellschaften.

Kulturpflanze Seit spätestens 1697 in Gartenkultur.

Vermehrung Am einfachsten Aussaat nach der Fruchtreife oder im Frühling. Selbstaussaat.

Geeignete Partner Berg-Steinkraut *(Alyssum montanum)*, Bologneser Glockenblume *(Campanula bononiensis)*, Regensburger Zwerggeißklee *(Chamaecytisus ratisbonensis)*, Kartäuser-Nelke *(Dianthus carthusianorum)*, Rauer Alant *(Inula hirta)*, Ginster-Leinkraut *(Linaria genistifolia)*, Große oder Großblütige Braunelle *(Prunella grandiflora)*, Echte Kuhschelle *(Pulsatilla vulgaris)*, Großer Ehrenpreis *(Veronica teucrium)*.

Nutzen

Wildtiere: Wertvolle Insektennährpflanze, so für Wildbienen, Honigbienen, Hummeln, Tagfalter, Blattkäfer und Bockkäfer.

Weitere Arten:

Gelber Lein
(Linum flavum)

Halbstrauchiger Lein
(Linum suffruticosum)

Klebriger Lein
(Linum viscosum)

Schopf-Traubenhyazinthe

Muscari comosum
(Spargelgewächs)

Winterhärtezone: 7
Blütezeit: Mai–Juni

Steckbrief 30–70 cm hohe Staude mit großer Zwiebel, diese mit rosafarbenem Fleisch. Blätter grundständig, breit lineal, 20–40 cm lang, rinnig, im Sommer einziehend. Blütenstand zylindrisch, oben sterile, violettblaue Blüten, unten fertile, bräunliche Blüten.

Verbreitung Mediterrane Art, nördlich bis Mitteleuropa reichend, in Nordamerika eingeschleppt.

Standort & Boden Mag trockene, magere, kalkreiche Böden und sonnige, warme Standorte.

Eigenschaften Schwermetalltolerant. Verträgt einmalige Mahd im Jahr ab etwa Juli. Zwiebel tief (10–20 cm) setzen.

Im Garten Weinbergs-Bepflanzung, Steppengarten, naturnaher Garten.

Kulturpflanze Seit spätestens dem Jahr 1611 in Gartenkultur. In wenigen Sorten, so in der seit 1665 bekannten Naturauslese 'Plumosum' mit federbuschartigem Blütenstand, dem die eigentlichen Blüten fehlen.

Vermehrung Am einfachsten Abtrennen der Brutzwiebeln im Juli. Aussaat möglich, es dauert aber einige Jahre bis zur Blüte. Regelmäßig Selbstaussaat.

Weitere Arten:

Armenische Traubenhyazinthe
(Muscari armeniacum)

Auchers Traubenhyazinthe
(Muscari aucheri)

Himmelblaue Traubenhyazinthe
(Muscari azureum)

Geeignete Partner Weinberg-Lauch *(Allium vineale)*, Pyrenäen-Mannstreu *(Eryngium bourgatii)*, Duft-Schöterich *(Erysimum odoratum)*, Steppen-Wolfsmilch *(Euphorbia seguieriana)*, Wimper-Perlgras *(Melica ciliata)*, Aufrechtes Fingerkraut *(Potentilla recta)*, Haar-Pfriemengras *(Stipa capillata)*, Violette oder Purpur-Königskerze *(Verbascum phoeniceum)*.

Nutzen
Wildgemüse: Die Zwiebeln sind essbar und als typische Spezialität Apuliens und Kretas bekannt.
Wildtiere: Wertvoll für Insekten, vor allem für Bienen und Hummelschweber.

Indische Lotosblume

Nelumbo nucifera
(Lotosgewächs)

Winterhärtezone: 9
Blütezeit: Juni–August

Steckbrief Ausdauernde, krautige Wasserpflanze mit Ausläufern und bis 2 m lang gestielten Blättern. Blattspreite rund, bis 60 cm im Durchmesser mit wasserabweisender Oberfläche. Blüten groß, rosa oder weiß, auf langen Stielen über die Wasseroberfläche ragend.

Verbreitung Beheimatet in Asien vom Aralsee und Indien bis Japan.

Standort & Boden Braucht einen Wasserstand von 10–40 cm und liebt einen nährstoffreichen, sonnigen, warmen, geschützten Standort.

Eigenschaften Pflanzzeit März bis April, das Rhizom ist empfindlich und darf nicht verletzt werden. Damit das Rhizom im Winter nicht einfriert, Überwinterung entweder in einem kühlen Raum wie einem Gewächshaus oder Wintergarten oder am Standort geschützt mit Isoliermaterial wie Laub.

Im Garten Teiche, Wassergefäße.

Kulturpflanze In Europa seit spätestens 1787 in gärtnerischer Kultur.

Vermehrung Teilung von März bis Mai. Dazu werden die Rhizome vorsichtig gesäubert und geteilt. Aussaat möglich, die Samen sollten gequollen und angeritzt werden.

Geeignete Partner Schwanenblume *(Butomus umbellatus)*, Hohes Zypergras *(Cyperus longus)*, Japanische Schwertlilie *(Iris ensata)*, Gelbe oder

Weitere Sippen:

Seerose
(*Nymphaea* 'Albert Greenbert')

Seerose
(*Nymphaea* 'Black Princess')

Seerose
(*Nymphaea* 'Director George T. Moore')

Amerikanische Lotosblume *(Nelumbo lutea)*, Seerose (*Nymphaea* cvar.), Seekanne oder Teichenzian *(Nymphoides peltata)*, Wassersalat *(Pistia stratiotes)*, Spaltgriffel *(Schizostylis coccinea)*, Südlicher Wasserschlauch *(Utricularia australis)*.

Nutzen

Wildgemüse: Alle Teile der Pflanze von den Wurzelknollen bis zu den Samen können kulinarisch verwendet werden. So werden etwa die Samen vor allem in der chinesischen Küche als «Lotosnüsse» oder «Lilienknospen» für Süßspeisen genutzt.

Arzneipflanze: In der Volksmedizin unter anderem bei Bluthochdruck, Schlafstörungen und Verdauungsproblemen eingesetzt.

Bionik: Die schmutzabweisende Oberfläche der Lotosblätter wird mittlerweile in der Materialwirtschaft nachgebildet und angewendet.

Wildtiere: Die Blüten produzieren keinen Nektar, die Insekten nutzen sie aber als «Wärmestuben» und sorgen so für Bestäubung.

Trauben-Katzen-minze

Nepeta racemosa
(Lippenblütler)

Winterhärtezone: 4
Blütezeit: April–Oktober

Steckbrief 10–40 cm hohe, graugrüne, flaumig bis filzig behaarte Staude mit vierkantigen Stängeln. Blattspreiten länglich eiförmig bis eiförmig, Blattrand gekerbt bis schwach gezähnt. Kronblätter lilablau, 9–15 mm lang. Kelch 6–10 mm lang.

Verbreitung Beheimatet in Südwestasien von Ostanatolien bis in den Iran.

Standort & Boden Gedeiht in jedem normalen Gartenboden und liebt vollsonnige Standorte.

Eigenschaften Nicht schneckengefährdet. Rückschnitt nach der Blüte fördert weitere Blühgänge.

Im Garten Bodendecker, Rabatten, Einfassungen.

Kulturpflanze Seit spätestens 1804 in gärtnerischer Kultur.

Vermehrung Am besten Stecklinge im Frühjahr nach dem Austrieb oder im Herbst bei ausklingender Blüte. Selbstaussaat.

Geeignete Partner Felsen-Steinkraut *(Aurinia saxatile)*, Clandon- oder Hybrid-Bartblume *(Caryopteris ×clandonensis)*, Rote Spornblume *(Centranthus ruber)*, Kleinblütige Bergminze *(Clinopodium nepeta)*, Blaue Kugeldistel *(Echinops ritro)*, Goldlack *(Erysimum cheiri)*, Goldschopf oder Gold-Steppenaster *(Galatella linosyris)*, Dost *(Origanum vulgare)*, Echter Salbei *(Salvia officinalis)*.

Weitere Arten:

Echte Katzenminze
(Nepeta cataria)

Violettblaue oder Kaukasische Katzenminze
(Nepeta cyanea)

Faassens oder Hybrid-Katzenminze
(Nepeta ×faassenii)

Nutzen

Duftpflanze: Mäuse und Katzen, auch Großkatzen wie Löwen und Tiger, können durch das enthaltene Actinidin berauscht werden. Katzen wälzen sich oft in der Pflanze und fressen sie dann, worauf sie wie betrunken umhertorkeln und scheinbar halluzinieren. Jungtiere und alte Katzen sind weniger empfänglich, und etwa die Hälfte aller Katzen reagiert überhaupt nicht auf die Pflanze, was scheinbar genetisch bedingt ist. Tierhandlungen bieten kleine Spielsäckchen oder Plüschtiere an, die mit dem Geruch der Katzenminze versehen sind.

Biologischer Pflanzenschutz: Kombiniert mit Rosen verringert die Katzenminze deren Blattlausbefall.

Wildtiere: Wertvolle Nahrungspflanze für Insekten mit einer Dauerblüte von Mai bis Oktober. Als Blütengäste finden sich hauptsächlich Honigbienen und Hummeln ein. Auch Schmetterlinge wie Tagpfauenauge, Kleiner Fuchs, Distelfalter und Taubenschwänzchen naschen an den Blüten.

Steckbrief Bis etwa 80 cm hohe Staude mit Pfahlwurzel und grundständiger Blattrosette. Grund- und Stängelblätter fiederspaltig, weißborstig behaart. Blüten schüsselförmig, 10–15 cm im Durchmesser mit orangeroten Kronblättern, bei Sorten auch weiß, rosa, apricot oder purpurn.

Verbreitung Unter dem Namen Türkischer Mohn sind im Pflanzenhandel Arten und Hybriden von *Papaver orientale*, *P. pseudoorientale*, *P. lateritium* und *P. bracteatum* subsummiert.

Standort & Boden Liebt durchlässige, mäßig nährstoffreiche, humose Böden und sonnige Standorte.

Eigenschaften Zieht im Sommer ein und sollte deshalb möglichst einzeln gesetzt und mit sommerblühenden Stauden wie Katzenminze kombiniert werden. Anfällig gegen Falschen Mehltau. Giftig.

Im Garten Staudenbeet, Bauerngarten.

Kulturpflanze 1701 durch Tournefort nach Europa gekommen und hier in zahlreichen, teils auch hybridogen entstandenen Sorten kultiviert, so 'Beauty of Livermere' mit großen, scharlachroten Blüten, 'Queen Alexandra' mit rosa Blüten, 'Perrys White' mit weißen Blüten und schwarzen Basalflecken, 'Schöner aus Laufen' mit dunkelroten Blüten, 'Marlene' mit burgunderroten Blüten, 'Patty's Plum' mit purpurnen Blüten, 'Türkenlouis' mit roten, gefransten Kronblättern.

Vermehrung Aussaat im Frühling (Lichtkeimer). Sorten durch Wurzelschnittlinge.

Geeignete Partner Großköpfige Flockenblume *(Centaurea macrocephala)*, (Schein-)Quirl-Mädchenauge *(Coreopsis verticillata)*, Langblütige Lindelofie oder Himalaja-Wicheltraube *(Lindelofia longiflora)*, Leinblättriges Nabelnüsschen *(Omphalodes linifolia)*, Echtes Lampenputzergras *(Pennisetum alopecuroides)*, Russels Brandkraut *(Phlomis russeliana)*, Steppen-Salbei *(Salvia nemorosa)*.

Nutzen

Wildtiere: Wertvolle Pollenpflanze für Insekten. Der Pollen ist reich an Eiweiß, Fett, Kohlenhydraten und Vitaminen. Zu den regelmäßigen Blütengästen zählen Hummeln, Honigbienen, Wildbienen und Schwebfliegen.

Die Mohn-Mauerbiene *(Hoplitis papaveris)* kleidet die Brutzelle und den Eingangsstollen mit etwa fingernagelgroßen Stückchen von Mohnblüten aus. Je nach Anzahl der angelegten Brutzellen werden 20 bis 40 Blütenblattstückchen benötigt. Der eigentliche Zweck dieses recht aufwendigen Wohnkomforts ist noch nicht völlig geklärt, vermutlich sollen die Blütenblätter mit ihrer konservierenden Wirkung als eine Art Isolierschicht das Verderben des Futters durch Schimmelbefall verhindern.

Weitere Arten:

Kaukasus-Mohn
(Papaver fugax)

Klatsch-Mohn
(Papaver rhoeas)

Spanischer oder Atlas-Mohn
(Papaver rupifragum)

Türkischer Mohn

Papaver-orientale-Hybriden
(Mohngewächs)

Winterhärtezone: 3
Blütezeit: Mai–Juni

Kretischer Saumfarn

Pteris cretica
(Saumfarngewächs)

Winterhärtezone: 9
Sporenreife: Juni–Juli

Steckbrief Aus den kurzen, unterirdischen Rhizomen entwickeln sich büschelartig die bis etwa 50 cm hohen Farnwedel. Diese stehen anfangs aufrecht und neigen sich später nach unten. Fiedern bis etwa 15 cm lang und bis 2 cm breit. Bei den fruchtbaren Wedeln sind die Sporenkapseln durch die Blattfiedern geschützt, indem der Farn den Rand seiner Blätter nach unten umschlägt. Aus diesem Grund sehen die fruchtbaren Wedel der Farne glattrandig aus, auch wenn die Fiedern gezähnt sind.

Verbreitung Von den Kanaren bis Japan und Südafrika, nördlich bis ins Tessin. Entgegen seinem Namen nicht auf Kreta. Verwildert findet sich die Pflanze in großen Teilen der Erde, auch in Licht- und Brunnenschächten im deutschen Ruhrgebiet.

Standort & Boden Liebt schattige bis halbschattige Standorte in wintermilder und luftfeuchter Lage.

Eigenschaften Langlebig.

Im Garten Schattengarten, Teichrand, schattige Felsen.

Kulturpflanze Wird vor allem als Zimmerpflanze gehalten, vermag aber in milden Lagen die Winter im Freien zu überdauern.

Vermehrung Teilung im Frühling.

Weitere Arten:

Hirschzungenfarn
(Asplenium scolopendrium)

(Spreu-)Schuppiger Wurmfarn
(Dryopteris affinis)

Straußenfarn
(Matteuccia strutiopteris)

Geeignete Partner Pfauenrad-Frauenhaarfarn *(Adiantum pedatum)*, Hartwegs Haselwurz *(Asarum hartwegii)*, Hirschzungenfarn *(Asplenium scolopendrium* Syn. *Phyllitis scolopendrium)*, Großblättriger Sichelfarn *(Cyrtomium macrophyllum)*, Zimtfarn *(Osmunda cinnamomea)*, Glanz-Schildfarn *(Polystichum polyblepharum)*, Rippenfarnmohn *(Pteridophyllum racemosum)*.

Nutzen
Die reichlich gegebene Blattmasse schützt den Boden bei Starkregen und gibt Tieren einen Rückzugsraum.

Steckbrief 10–20 cm hohe, langlebige Staude. Blätter fiederschnittig, behaart. Krone dunkelviolett.

Verbreitung Südeuropäische Gebirge, nördlich bis in die Südalpen.

Standort & Boden Liebt trockene, kalkreiche und nährstoffarme Böden und helle, warme Standorte.

Eigenschaften Verträgt eine ein- bis zweimalige Mahd im Jahr ab etwa Juni. Giftig.

Im Garten Steppenrasen, Steingarten, Tröge.

Vermehrung Am einfachsten Aussaat nach Fruchtreife. Kaltkeimer: Samen müssen zuvor für etwa drei Wochen in den Kühlschrank, damit sich die keimungshemmenden Stoffe zersetzen. Wurzelschnittlingsvermehrung im November/Dezember möglich, Stockteilung nach der Blüte. Regelmäßig Selbstaussaat.

Geeignete Partner Großes Windröschen *(Anemone sylvestris)*, Knäuel-Glockenblume *(Campanula glomerata)*, Regensburger Zwerggeißklee *(Chamaecytisus ratisbonensis)*, Rauer Alant *(Inula hirta)*, Zarter Lein *(Linum tenuifolium)*, Weinbergs-Traubenhyazinthe *(Muscari botryoides)*, Frühlings-Fingerkraut *(Potentilla verna)*, Edel-Gamander *(Teucrium chamaedrys)*.

Nutzen

Boden: Tiefwurzler: Die Wurzeln reichen bis über 1 m tief, daher zur Festigung für sonnige Lösshänge geeignet.

Arzneipflanze: Wird in der Homöopathie bei vielerlei Beschwerden eingesetzt, so etwa bei Neigung zu Erkältungen, Verstimmungszuständen und Krampfadern.

Wildtiere: Raupenfutterpflanze unter anderem für Küchenschellen-Waldrebenspanner *(Horisme aquata)*. Pollenspender unter anderem für die Mauerbiene *Osmia bicolor*. Durch ihre frühe Blütezeit eine wertvolle Nahrungspflanze für die Insektenwelt. Vor allem Hummeln, Honig-, Mauer- und Furchenbienen finden sich als Blütengäste ein. Auch Kleiner Fuchs und Zitronenfalter wissen Kuhschellen als frühe Nektarquelle zu schätzen.

Weitere Arten:

Kaukasus-Kuhschelle *(Pulsatilla albana)*

Wiesen-Kuhschelle *(Pulsatilla pratensis)*

Echte Kuhschelle *(Pulsatilla vulgaris)*

Berg-Kuhschelle

Pulsatilla montana

(Hahnenfußgewächs)

Winterhärtezone: 6b
Blütezeit: März–April

Puschkinie oder Kegelblume

Puschkinia scilloides

(Spargelgewächs)

Winterhärtezone: 5

Blütezeit: März–April

Steckbrief 5–15 cm hohe Staude mit breit lanzettlichen, am Grund stängelumfassenden Blättern. Blüten in wenigblütiger Traube. Perigonblätter weiß bis blassblau mit blauem Mittelstreif, innere Blütenblätter zu Röhre verwachsen, darin die kurzen und dünnen Staubfäden.

Verbreitung Gebirge Südwestasiens vom Libanon und von Georgien bis in den Nordiran.

Standort & Boden Liebt durchlässige, nährstoffreiche Böden und sonnige bis halbschattige Standorte.

Eigenschaften Langlebig.

Im Garten Gartenbeete, Wiesen, Staudenrabatte, Vorgärten, Friedhof, Parkanlagen.

Kulturpflanze Um 1810 gelangte die Puschkinie in den Berliner Botanischen Garten, aber erst Ende des 19. Jh. verbreitete sie sich auch in der allgemeinen Gartenkultur.

Vermehrung Im Spätsommer durch Brutzwiebeln oder durch Aussaat. Regelmäßig Selbstaussaat.

Geeignete Partner Türkische oder Michailovsky-Schachbrettblume *(Fritillaria michailovskyi)*, Grauer Storchschnabel *(Geranium cinereum)*, Rote Nelkenwurz *(Geum coccineum)*, Kleiner Märzenbecher oder Kleine Narzisse *(Narcissus minor)*, Zweiblättriger Blaustern *(Scilla bifolia)*, Tarda-Tulpe *(Tulipa tarda)*.

Nutzen

Wildtiere: Wegen der frühen Blütezeit wichtig für Insekten.

Weitere Arten:

Puschkinie
(Puschkinia scilloides)

Eis-Milchstern
(Ornithogalum niveum)

Schneestolz oder Luciles Blaustern
(Scilla luciliae)

Steppen-Salbei

Salvia nemorosa
(Lippenblütler)

Winterhärtezone: 5
Blütezeit: Mai–Juli, oft herbstliche Nachblüte

Steckbrief 20–50 cm hohe Staude mit dicker Pfahlwurzel und breit lanzettlichen, am Grund herzförmigen, stumpf gezähnten Blättern. Hochblätter violett. Blüten in 2- bis 4-blütigen, quirlartigen Teilblütenständen mit blauvioletter Krone.

Verbreitung Osteuropäisch-westasiatische Art, nordwärts bis Dänemark.

Standort & Boden Liebt trockene, kalkreiche, sandige oder steinige, mäßig nährstoffreiche Lehm- oder Lössböden und sonnige, warme Standorte.

Eigenschaften Verträgt zumindest eine einmalige Mahd im Jahr.

Im Garten Steppengarten, Staudenbeet.

Kulturpflanze In mehreren Sorten, so etwa 'Ostfriesland', 'Blauhügel', 'Schneehügel' und 'Tänzerin'.

Vermehrung Aussaat. Regelmäßig Selbstaussaat.

Geeignete Partner Echte Ochsenzunge *(Anchusa officinalis)*, Kartäuser-Nelke *(Dianthus carthusianorum)*, Roter Natternkopf *(Echium maculatum)*, Bleicher Schwingel *(Festuca pallens)*, Österreichischer Lein *(Linum austriacum)*, Bunte Beilwicke *(Securigera varia)*, Große Fetthenne (*Sedum maximum*, jetzt *Hylotelephium maximum*).

Weitere Arten:

Echter Salbei
(Salvia officinalis)

Griechischer Salbei
(Salvia ringens)

Muskateller-Salbei
(Salvia sclarea)

Nutzen

Wildtiere: Auf Lippenblütler wie den Steppen-Salbei und einige Rachenblütler angewiesen ist die Pelzbiene *Anthophora furcata*. Auch die Furchenbiene *Halictus clypearis* hat sich auf Lippenblütler spezialisiert, genauso wie die Mauerbiene *Osmia andrenoides*. Der Steppen-Salbei ist Pollenquelle für etliche weitere Wildbienen, so die Sandbiene *Andrena coitana* und die Furchenbiene *Lasioglossum nemorosa*. Auf *Salvia* spezialisiert hat sich die Salbei-Langwanze *(Platyplax salviae)*.

Graues oder Zypressen-Heiligenkraut

Santolina chamaecyparissus
(Korbblütler)

Winterhärtezone: 7b
Blütezeit: Juni–August

Steckbrief Bis 50 cm hoher, dicht verzweigter, aromatisch duftender Halbstrauch mit niederliegenden bis aufsteigenden Trieben. Blätter 1–4 cm lang, fein fiederschnittig, Segmente in 2–4 Paaren, bis 2 mm lang, graufilzig behaart. Blüten tiefgelb, in halbkugeligen, 0,6–1,4 cm breiten Köpfchen.

Verbreitung Wahrscheinlich hybridogen aus diploiden Arten des westlichen Mittelmeergebietes entstanden.

Standort & Boden Liebt steinige, trockene, nährstoffarme, durchlässige, kalkhaltige Böden und warme, sonnige Standorte.

Eigenschaften Hitze- und trockenheitsverträglich, staunässeempfindlich, nicht schneckengefährdet, schnittverträglich. Rückschnitt nach der Blüte hält die Pflanze kompakt.

Im Garten Steingarten, mediterraner Garten, Kiesbeete, Wegränder, als Einfassungshecke, Duftgarten.

Kulturpflanze Seit spätestens 1539 in gärtnerischer Kultur.

Vermehrung Stecklinge im Frühling.

Geeignete Partner Gargano-Glockenblume *(Campanula garganica)*, Palisaden-Wolfsmilch *(Euphorbia characias)*, Echtes Sonnenröschen *(Helianthemum nummularium)*, Echter Lavendel *(Lavandula angustifolia)*, Muskateller-Salbei *(Salvia sclarea)*, Zartes Federgras *(Stipa tenuissima)*, Echter Thymian *(Thymus vulgaris)*.

Nutzen

Biologischer Pflanzenschutz: Heiligenkraut frisch und in getrocknetem Zustand wirkt gegen Motten und Obstfliegen.

Weitere Arten:

Graues oder Zypressen-Heiligenkraut
(Santolina chamaecyparissus)

Gefiedertes Heiligenkraut
(Santolina pinnata)

Grünes oder Oliven-Heiligenkraut
(Santolina viridis)

Winter- oder Berg-Bohnenkraut

Satureja montana
(Lippenblütler)

Winterhärtezone: 6b
Blütezeit: Juni–September

Steckbrief 10–40 cm hoher, aromatisch riechender, halbimmergrüner Halbstrauch mit am Grund verholzten Trieben und schmal lanzettlichen, ganzrandigen Blättern. Blüten weiß oder hellrosa, in wenigblütigen Scheinwirteln.

Verbreitung Beheimatet in Südeuropa.

Standort & Boden Liebt steinige, durchlässige, eher nährstoffarme, kalkhaltige Böden und vollsonnige, warme Standorte.

Eigenschaften Trockenheit- und hitzeverträglich. Entspitzen der Triebe hält die Pflanze kompakt und regt sie zur Bildung neuer Triebe an.

Im Garten Kräutergarten, Steppengarten, Duftbeet, Bienenwiese, Töpfe, Gefäße, Balkonkästen.

Kulturpflanze Seit spätestens 1562 in gärtnerischer Kultur.

Vermehrung Stecklinge. Aussaat im Frühling möglich.

Geeignete Partner Großblütiges Steintäschel *(Aethionema grandiflorum)*, Gargano-Glockenblume *(Campanula garganica)*, Kartäuser-Nelke *(Dianthus carthusianorum)*, Dalmatiner Storchschnabel *(Geranium dalmaticum)*, Immergrüne Schleifenblume *(Iberis sempervirens)*, Hauswurz-Mauerpfeffer *(Sedum pachyclados)*.

Weitere Arten:

Illyrisches Bohnenkraut
(Satureja illyrica)

Kriechendes Bohnenkraut
(Satureja spicigera)

Thymbra-Bohnenkraut
(Satureja thymbra)

Nutzen

Wildgewürz: Vielseitig einsetzbare Gewürzpflanze. Kurz vor der Blüte ist der Geschmack am intensivsten.

Arzneipflanze: Wird vor allem für den Magen-Darm-Bereich eingesetzt, etwa bei Krämpfen oder Blähungen, auch in der Aromatherapie unter anderem bei Verdauungsschwierigkeiten genutzt.

Biologischer Pflanzenschutz: In Mischkulturen zusammen mit Hülsenfrüchtlern wie Bohnen oder Erbsen werden Samenkäfer vertrieben, deren Larven sich in den Samen entwickeln. Zusammen mit Rosen gepflanzt soll Bohnenkraut Blattläuse und Mehltau reduzieren.

Wildtiere: Wertvolle, reichlich Nektar produzierende Bienenweide.

Weißer Mauerpfeffer, Weiße Fetthenne

Sedum album
(Dickblattgewächs)

Winterhärtezone: 6
Blütezeit: Juni–September

Steckbrief 5–20 cm hohe, kahle, am Grund reich verzweigte Staude mit zahlreichen niederliegenden, sterilen Trieben. Blätter fleischig, linealwalzenförmig, 5–15 mm lang, wechselständig. Blüten weiß, manchmal auch blassrosa, in vielblütiger, doldiger Rispe.

Verbreitung Mediterran-europäische Art von Nordwestafrika und England bis Südskandinavien und Kurdistan.

Standort & Boden Liebt trockene, sandige oder steinige, nährstoffarme Böden und sonnige Standorte.

Eigenschaften Hitze- und trockenheitsverträglich, schwermetalltolerant.

Im Garten Steingarten, extensive Dachbegrünung, Trockenmauern, Tröge.

Kulturpflanze In zahlreichen Sorten, so 'Coral Carpet' mit roter Herbst- und Winterfärbung der Blätter, 'Leuchtfeuer' mit hellem Laub bis zur prächtigen Herbstfärbung, 'Goldfinger' mit grüngelbem Austrieb, 'Minor' mit kompaktem Wuchs, 'Murale' und 'Indiansummer' mit blassrosa Blüten.

Vermehrung Am einfachsten Abnehmen und Verpflanzen bewurzelter kriechender Triebe. Risslinge, Sprossstecklinge und Aussaat ohne Abdeckung (Lichtkeimer) von April bis Juni möglich. Vermehrt sich selbst über Kriechtriebe und Samen.

Geeignete Partner Herzblättrige Kugelblume *(Globularia cordifolia)*, Zottiges oder Woll-Habichtskraut *(Hieracium villosum)*, Steinbrech-Felsennelke *(Petrorhagia saxifraga)*, Frühlings-Fingerkraut *(Potentilla verna)*, Rotes Seifenkraut *(Saponaria ocymoides)*, Felsen-Mauerpfeffer oder -Fetthenne *(Sedum rupestre)*, Milder Mauerpfeffer *(Sedum sexangulare)*, Edel-Gamander *(Teucrium chamaedrys)*, Früher Quendel *(Thymus praecox)*.

Nutzen

Wildgemüse: Blätter und junge Triebe können roh oder erwärmt genutzt werden. Sie enthalten reichlich Schleimstoffe und erinnern im Geschmack an wässrigen Paprika.

Wildtiere: Totenkopf-Schwebfliege und auch Käfer wie der Gebänderte Pinselkäfer stellen sich gerne ein. Pollenspender für Sand-, Furchen-, Pelz-, Blattschneider-, Woll-, Mauer-, Steppen- und Honigbienen.

Futterpflanze unter anderem für die Raupen des Apollofalters.

Weitere Arten:

Scharfer Mauerpfeffer
(Sedum acre)

Felsen-Mauerpfeffer oder -Fetthenne
(Sedum rupestre)

Rötlicher Mauerpfeffer oder Rötliche Fetthenne
(Sedum rubens)

Echtes Federgras

Stipa pennata
(Süßgras)

Winterhärtezone: 6
Blütezeit: Mai–Juni

Steckbrief 30–100 cm hohe Staude mit horstigem Wuchs und eingerollten Blattspreiten. Blütenrispe zusammengezogen, aus 5–10 einblütigen Ährchen mit 22–32 cm langen Grannen.

Verbreitung Osteuropäisch-asiatische Art, nordwärts bis Südschweden.

Standort & Boden Liebt trockene, nährstoffarme, kalkreiche, steinige Böden und sonnige, warme Standorte.

Eigenschaften Trockenheitsverträglich. Rückschnitt, wenn überhaupt, im Frühjahr. Nicht düngen.

Im Garten Steppen-, Kies-, Heidegarten.

Kulturpflanze Seit spätestens 1697 in gärtnerischer Kultur.

Vermehrung Am besten Aussaat im Herbst mit Keimung im folgenden Frühling. Kaltkeimer. Oft Selbstaussaat.

Geeignete Partner Blut-Storchschnabel *(Geranium sanguineum)*, Hufeisenklee *(Hippocrepis comosa)*, Blauer Lattich *(Lactuca perennis)*, Wimper-Perlgras *(Melica ciliata)*, Illyrien-Lotwurz *(Onosma visianii)*, Flaum-Fingerkraut *(Potentilla pusilla)*, Rachen-Salbei *(Salvia ringens)*, Lavendelblättriger Ziest *(Stachys lavandulifolia)*, Edel-Gamander *(Teucrium chamaedrys)*.

Weitere Arten:

Silber-Raugras
(Achnatherum calamagrostis)

Diamant-Reitgras
(Calamagrostis brachytricha)

Wimper-Perlgras
(Melica ciliata)

Nutzen
Floristik: Für Trockensträuße.
Wildtiere: Raupenfutterpflanze unter anderem von Kleinem Ochsenauge *(Hyponephele lycaon)* und Berghexe *(Chazara briseis)*.

Echter Thymian

Thymus vulgaris
(Lippenblütler)

Winterhärtezone: 7b
Blütezeit: Mai–August

Steckbrief 15–40 cm hoher, aromatisch riechender Zwergstrauch mit aufrechten bis bogig aufsteigenden Sprossen und ringsum kurz behaarten Blütentrieben. Blätter linealisch bis elliptisch, am Rand umgerollt. Kronblätter hellrosa bis fast weiß.

Verbreitung Südwesteuropäische Art.

Standort & Boden Liebt trockene, sandige, eher nährstoffarme Böden und sonnige Standorte.

Eigenschaften Hitze- und trockenheitstolerant.

Im Garten Kräutergarten, Steppengarten, Trockenmauern, Gründächer.

Kulturpflanze In Mitteleuropa seit spätestens dem 12. Jh. kultiviert, bereits Hildegard von Bingen (1098–1179) erwähnt die Art.

Vermehrung Aussaat und Stecklingsvermehrung. Licht- und Wärmekeimer. Selbstaussaat kommt vor.

Geeignete Partner Pontischer Wermut *(Artemisia pontica)*, Quendelblättrige Bergminze *(Micromeria thymifolia)*, Französischer Majoran *(Origanum onites)*, Duftende Bergminze *(Pycnanthemum pilosum)*, Wein-Raute *(Ruta graveolens)*, Winter- oder Berg-Bohnenkraut *(Satureja montana)*, Weißer Mauerpfeffer oder Weiße Fetthenne *(Sedum album)*, Dach-Hauswurz *(Sempervivum tectorum)*.

Weitere Arten:

Früher Quendel
(Thymus praecox)

Heide-Quendel
(Thymus pulegioides)

Sand-Quendel
(Thymus serpyllum)

Nutzen

Gewürz: Die Blätter dienen als Würze und zur Teegetränkbereitung. Die zierlichen, essbaren Blüten sind als Tellerdekoration geeignet.

Arzneipflanze: Wegen seiner desinfizierenden Wirkung wird Quendel vor allem bei Atemwegsbeschwerden eingesetzt. Außerdem wirkt Thymian verdauungsfördernd, reinigend, balsamisch und ableitend. Quendel ist ein in Fertigpräparaten häufig eingesetztes, schleimlösendes, auswurfförderndes und krampflinderndes Mittel, das bei akuten und chronischen Katarrhen der Atemwege, Bronchitis und Keuchhusten Anwendung findet.

Räucherpflanze: Zum Räuchern wird das blühende Kraut an einem sonnigen Sommertag in den Morgenstunden geerntet und dann getrocknet.

Wildtiere: Die Zahl der Blütengäste ist groß: Perlmuttfalter, Scheckenfalter, Ochsenauge, Waldvogel, Heufalter, Wiesenvögelchen, Perlgrasfalter, Bläuling, Feuerfalter usw. Für Bienen bildet Thymian einen wichtigen Beitrag zur Herbstaufbautracht. Regelmäßig als Blütengäste zu beobachten sind auch Sand-, Blattschneider-, Wespen-, Kegel-, Steppen-, Honigbienen, Sandwespen, Pinselkäfer und mehrere Schwebfliegen-Arten. Quendel wird besonders gerne von der Steppenbiene *Nomioides minutissimus* angeflogen.

Steckbrief 30–60 cm hohe, sommergrüne Staude mit wechselständigen, zweizeilig angeordneten, stängelumfassenden, breit lanzettlichen, behaarten Blättern. Blüten sternförmig, zu 2–3 in Büscheln, weiß mit purpurvioletter Zeichnung.

Verbreitung Beheimatet in Japan.

Standort & Boden Liebt frische, kalkarme, lockerhumose, nährstoffreiche Böden und halbschattige Standorte.

Eigenschaften Langlebig, schneckengefährdet. Giftig.

Im Garten Schattengarten, Staudenbeete im Halbschatten, Gehölzrand.

Kulturpflanze In wenigen Sorten, so 'Kohaku' mit cremeweißen, braun gefleckten Blüten und gelbem Grund, 'Cumberland' mit Ausläufern und 'Alba' mit reinweißen Blüten.

Vermehrung Teilung des Rhizoms im Frühling.

Geeignete Partner Astilbe oder Hybrid-Prachtspiere *(Astilbe* (×) *arendsii)*, Schirmblatt *(Diphylleia sinensis)*, Feenglöckchen *(Disporum cantoniensis)*, Japanischer Scheinhahnenfuß *(Glaucidium palmatum)*, Japanische Wachsglocke *(Kirengeshoma palmata)*, Himalaja-Pfingstrose *(Paeonia emodii)*, Eisenhutblättriger Maiapfel *(Syneilesis aconitifolius)*, Breitblättrige Krötenlilie *(Tricyrtis latifolia)*.

Weitere Arten:

Formosa- oder Taiwan-Krötenlilie
(Tricyrtis formosana)

Breitblättrige Krötenlilie
(Tricyrtis latifolia)

Samtige oder Weichhaarige Krötenlilie
(Tricyrtis maculata)

Japanische oder Rauhaarige Krötenlilie

Tricyrtis hirta
(Liliengewächs)

Winterhärtezone: 5
Blütezeit: August–Oktober

Niedrige Tulpe

Tulipa humilis
(Liliengewächs)

Winterhärtezone: 7
Blütezeit: März–April

Steckbrief Bis 20 cm hoher Geophyt mit blaugrünen, schmal lanzettlichen, rosettenartig angeordneten Blättern. Blüten am Naturstandort und in Kultur unterschiedlich gefärbt von rosa bis purpurrot mit schwarzvioletter, lila oder gelber Blütenbasis.

Verbreitung Südwestasien von Anatolien bis Afghanistan.

Standort & Boden Liebt sandige, durchlässige, tiefgründige Böden und vollsonnige Standorte in geschützter Lage.

Eigenschaften Wühlmausgefährdet. Giftig.

Im Garten Steingarten, Tröge, mediterraner Garten, Staudenbeete ohne Vlies.

Kulturpflanze Seit spätestens 1877 in gärtnerischer Kultur. In mehreren Sorten, so 'Lilliput' mit purpurroten Blüten und schwarzer Basis, 'Helene' mit pinken Blüten und gelber Basis, 'Little Beauty' mit pinken Blüten und lila-weißer Basis.

Vermehrung Abnahme von Brutzwiebeln im Spätsommer.

Geeignete Partner Sternkugel-Lauch *(Allium christophii)*, Olivier-Krokus *(Crocus olivieri)*, Michailovsky-Schachbrettblume *(Fritillaria michailovskyi)*, Netz-Schwertlilie *(Iris reticulata)*, Auchers Traubenhyazinthe *(Muscari aucheri)*, Zyklamen- oder Alpenveilchen-Narzisse *(Narcissus cyclamineum)*, Pyramiden-Milchstern *(Ornithogalum pyramidale)*.

Nutzen
Wildtiere: Bienenweide.

Weitere Arten:

Hübsche Tulpe
(Tulipa pulchella)

Felsen-Tulpe
(Tulipa saxatilis)

Tarda-Tulpe
(Tulipa tarda)

Ähriger Ehrenpreis

Veronica spicata
(Wegerichgewächs)

Winterhärtezone: 3
Blütezeit: Juli–August

Steckbrief 10–40 cm hohe Staude mit gesägten Blättern, die mit verschmälertem Grund am Stängel sitzen. Blütenstand dicht, mit schmal lanzettlichen Tragblättern. Krone blau, mit etwa 3 mm langer Kronröhre.

Verbreitung Eurasiatische Art, ostwärts bis Altai und Tien Schan, nördlich bis ins nördliche Russland.

Standort & Boden Liebt trockene, durchlässige, sandige, kalkarme Böden und vollsonnige Standorte.

Eigenschaften Hitzeverträglich, nicht schneckengefährdet.

Im Garten Steppengarten, Heidegarten, Staudenbeet, Sandrasen, Steinrasen.

Kulturpflanze Seit spätestens 1570 in gärtnerischer Kultur. In mehreren Sorten, so 'Silberteppich' mit silbergrauem Laub und 'Blauteppich' mit grünem Laub und kompaktem Wuchs.

Vermehrung Am einfachsten Stockteilung. Aussaat und Sprossstecklinge möglich.

Geeignete Partner Kartäuser-Nelke *(Dianthus carthusianorum)*, Goldschopf oder Gold-Steppenaster *(Galatella linosyris)*, Blaugrünes Labkraut *(Galium glaucum)*, Weiden-Alant *(Inula salicina)*, Echte Kuhschelle *(Pulsatilla vulgaris)*, Steppen-Salbei *(Salvia nemorosa)*, Straußmargerite *(Tanacetum corymbosum)*, Violette oder Purpur-Königskerze *(Verbascum phoeniceum)*.

Weitere Arten:

Gamander-Ehrenpreis
(Veronica chamaedrys)

Langblättriger Ehrenpreis
(Veronica longifolia)

Großer Ehrenpreis
(Veronica teucrium)

Nutzen

Wildtiere: Auf Ehrenpreis-Arten angewiesen ist die Sandbiene *Andrena viridescens*. Pollenspender unter anderem für die Holzbiene *Xylocopa violacea*. Die Insekten klammern sich an die Staubfäden, biegen sie unter den Bauch und bepudern sich dabei mit Pollen. Mitgebrachter Pollen kann schon beim Anflug auf die gerade nach unten vorgestreckte Narbe gelangen.

Gehölze

Bäume spenden einen viel angenehmeren Schatten als ein Sonnenschirm, und sie geben zusätzlich Kraft für den Menschen und Lebensraum für die Tiere, was der Sonnenschirm auch nicht macht. Manch bewährte Arten wie Linden (*Tilia* spec.) und Rosskastanie *(Aesculus hippocastanum)* haben inzwischen mit immer neuen Schädlingen zu kämpfen und leiden unter der Trockenheit. Andere wieder wie die Blumen- oder Manna-Esche *(Fraxinus ornus)* oder der Kuchenbaum *(Cercidiphyllum japonicum)* sind für diese Bedingungen wie geschaffen.

Die Fähigkeit, CO_2 zu speichern und regulativ auf die örtlichen Klimaverhältnisse und den Wasserhaushalt einzuwirken, ist bei den Gehölzen in hervorragender Weise gegeben, und Schatten ist dabei nur ein positiver Nebeneffekt. Jeder einzelne Baum und Strauch wirkt sich positiv auf das Kleinklima im eigenen Garten und in der Konsequenz auf die globale Klimalage aus.

Steckbrief Bis etwa 150 Jahre alt werdender, langsam wachsender, sommergrüner Kleinbaum oder Großstrauch mit meist drehwüchsigem Stamm und unregelmäßiger Krone. Wuchshöhe 5–8 m, Breite 4–7 m. Jahreszuwachs etwa 30 cm. Borke längsrissig. Blätter 3-lappig, derb, Herbstfärbung gelb. Blüten gelbgrün, während des Laubaustriebs erscheinend.

Verbreitung Subozeanische bis subkontinentale Art mit Hauptverbreitung im Mittelmeergebiet, nördlich bis ins Mittelrheingebiet und ins Nahetal, östlich bis in den Nordiran reichend.

Standort & Boden Liebt sonnige bis halbschattige, warme Lagen und mäßig trockene, nährstoffarme, basenreiche, gut durchlässige Böden. Wurzeltiefe bis etwa 100 cm. Jungpflanzen lichtbedürftig.

Eigenschaften Hitzefest, windfest, trockenheitsertragend, konkurrenzschwach, salzempfindlich, wenig krankheitsanfällig, durch derbes Laub wenig für Insektenfraß anfällig, verträgt keine Bepflasterung. Staunässe führt zu Wurzelfäule. Aufgrund seiner Trockenheits- und Hitzetoleranz in Kombination mit der Frosthärte wahrscheinlich ein Zukunftsbaum für den Klimawandel.

Im Garten Hausbaum für kleine Gärten, Dachgärten, Innenhöfe, mediterrane Gärten, Parks, Waldgärten. Verliert in ungünstigen Jahren schon im Sommer das Laub, ohne dass dies der Pflanze merklich schadet.

Kulturpflanze Seit spätestens 1739 in gärtnerischer Kultur.

Weitere Arten:

Feld-Ahorn
(Acer campestre)

Rot-Ahorn
(Acer rubrum)

Tataren-Ahorn
(Acer tataricum)

Französischer oder Felsen-Ahorn

Acer monspessulanum
(Seifenbaumgewächs)

Winterhärtezone: 6a
Blütezeit: April–Mai

Vermehrung Stecklinge im Mai/Juni, Absenker im Frühjahr oder Aussaat gleich nach der Samenreife im September. Samen keimen dann im Frühling.

Geeignete Partner & Unterpflanzung Echte Felsenbirne *(Amelanchier ovalis)*, Echter Blasenstrauch *(Colutea arborescens)*, Kornelkirsche *(Cornus mas)*, Steinweichsel oder Felsenkirsche *(Prunus mahaleb)*, Flaum-Eiche *(Quercus pubescens)*, Pimpinell-Rose *(Rosa spinosissima)*, Mehlbeere *(Sorbus aria)*, Elsbeere *(Sorbus torminalis)*, Pimpernuss *(Staphylea pinnata)*, Wolliger Schneeball *(Viburnum lantana)*.

Nutzen

Wildgemüse: Die jungen Blätter können im April/Mai Salaten oder Gemüsegerichten beigegeben werden.

Wildtiere: Ahorn-Arten sind wertvolle Trachtpflanzen der Honigbiene, aber auch mehrere Wildbienenarten sammeln den Pollen. Aufzuchtstube für mehrere Bockkäfer, so für Schwarzschwänzigen Schmalbock *(Strangalia melanura)*, Bunten Scheibenbock *(Phymatodes alni)* und Keulenfüßigen Scheckenbock *(Acanthoderes clavipes)*.

Sie sind Futterpflanze unter anderem für die Raupen von Haarschuppen-Zahnspinner *(Ptilophora plumigera)*, Ahorn-Zahnspinner *(Ptilodon cucullina)*, Streckfuß *(Calliteara pudibunda)* und Großem Scheckenspinner *(Apoda limacodes)*. Mehreren Schmetterlingsarten bietet der Felsen-Ahorn Heim und Nahrung.

Steckbrief Bis etwa 10 m hoch beziehungsweise weit kletternde, verholzte, sommergrüne Liane mit braunfilzigen Trieben. Blattspreiten eiförmig-rundlich, 8–12 cm lang, gestielt, oberseits dunkelgrün, unterseits weichfilzig behaart. Blüten 5-zählig, cremeweiß, unvollständig zweihäusig, männliche einzeln in den Blattachseln, mit vielen Staubblättern, oft noch mit einem verkümmerten Fruchtknoten, weibliche mit einem zylindrischen, aus vielen Fruchtblättern bestehenden Fruchtknoten.

Verbreitung Beheimatet im südöstlichen China.

Standort & Boden Liebt nährstoffreiche, leicht saure, durchlässige, gleichmäßig feuchte Böden und vollsonnige, warme, geschützte Lagen.

Eigenschaften Starkwüchsig, hitzeverträglich, stadtklimafest, sehr schnittverträglich, frostempfindlich. Kann in strengen Wintern zurückfrieren, treibt aber wieder durch. Zweihäusig – das heißt, zumindest eine männliche und eine weibliche Pflanze setzen, ausgenommen bei selbstfruchtbaren Sorten wie etwa 'Jenny' oder 'Solissimo', die aber kleinere Früchte haben. Bluter, im Frühling nicht zurückschneiden. Das enthaltene Actinidin wirkt auf manche Katzen anziehend und berauschend. Art im Weinbauklima bereits winterhart – getestet in der Gartenbauschule Wien-Schönbrunn.

Im Garten Obstgarten, als Berankung von Lauben, Hausmauern, Carports, toten Bäumen usw. Benötigt ein kräftiges Rankgerüst.

Weitere Arten:

Zwerg-Kiwi oder Scharfzähniger Strahlengriffel
(Actinidia arguta)

Kolomikta-Kiwi oder -Strahlengriffel
(Actinidia kolomikta)

Großsamige Kiwi oder Großsamiger Strahlengriffel
(Actinidia macrosperma)

Kiwi(pflanze), Köstlicher Strahlengriffel

Actinidia chinensis **(Syn. *A. deliciosa*)**
(Strahlengriffelgewächs)

Winterhärtezone: 7b
Blütezeit: Mai–Juni

Kulturpflanze Als Entdecker der Kiwipflanze für die westliche Welt gilt der englische Pflanzenjäger Ernest Wilson (1876–1930), der im Auftrag der führenden Gartenbaufirma Englands, Veitch & Sons, Reisen nach Ostasien unternahm und dabei auf die Kiwi stieß.

Vermehrung Am einfachsten Ableger im Frühjahr. Wurzelbildung und folgende Abtrennung von der Mutterpflanze vollziehen sich in der Regel noch im selben Herbst.

Geeignete Partner Zwerg-Kiwi oder Scharfzähniger Strahlengriffel *(Actinidia arguta)*, Großsamige Kiwi oder Großsamiger Strahlengriffel *(Actinidia macrosperma)*, Fingerblättrige Akebie *(Akebia quinata)*, Gojibeere oder Gewöhnlicher Bocksdorn *(Lycium barbarum)*, Loganbeere *(Rubus ×loganobaccus)*, Chinesisches Spaltkörbchen *(Schisandra chinensis)*, Fuchs-Weinrebe *(Vitis labrusca)*, Kobers Weinrebe *(Vitis ×koberi*,

Nutzen

Bodenfestiger: Das starke Wurzelwerk ist sowohl flach als auch tiefgehend und reich verzweigt.
Obst: Bisher konnte man die vitaminreichen Kiwis nur im Geschäft erwerben, allerdings durchwegs Früchte, die einen langen Transportweg hinter sich haben.
Wildtiere: Nicht geerntete Früchte bleiben den ganzen Winter über auf der Pflanze und dienen Vögeln und Kleinsäugern als Winterfutter.

Steckbrief Bis 5 m hoher, sommergrüner Strauch oder Baum. Blätter eilanzettlich, groß, mit gelber Herbstfärbung. Blüten braunrot, glockenförmig. Früchte länglich eiförmig, grün bis gelb, essbar.

Verbreitung Beheimatet im südöstlichen Nordamerika.

Standort & Boden Liebt frische, humose, durchlässige Böden und sonnige bis halbschattige Standorte in Weinbaulagen.

Eigenschaften Staunässeempfindlich, hitzeverträglich. Holz brüchig, Fruchtäste sollten gegebenenfalls unterstützt werden. Wurzeln verletzungsempfindlich, daher Containerpflanzen bevorzugen. Blüten selbststeril, Handbestäubung mit Pinsel bringt besseren Fruchtansatz. Art im Weinbauklima bereits winterhart – getestet in der Gartenbauschule Wien-Schönbrunn.

Im Garten Obstgarten, Exotenbeet.

Kulturpflanze In Europa seit spätestens 1736 in Kultur. Selbstunfruchtbar, weshalb mindestens zwei Pflanzen unterschiedlicher Klone gepflanzt werden müssen oder selbstfruchtbare Sorten wie 'Prima', 'Overleese' und 'Sunflower'.

Vermehrung Wurzelschnittlinge oder Aussaat. Vor der Aussaat im Frühling oder Herbst sollten die Samen drei Monate lang kalt stratifiziert werden. In Baumschulen wird vorwiegend die Veredelung als Vermehrungsmethode herangezogen.

Geeignete Partner Pekannuss *(Carya illinoinensis)*, Seidenraupenbaum (*Cudrania tricuspidata,* Syn. *Maclura tricuspidata*), Blauschotenstrauch oder Blaugurke *(Decaisnea fargesii)*, Persimone *(Diospyros virginiana)*, Vielblütige Ölweide *(Elaeagnus multiflora)*, Feige *(Ficus carica)*, Rote Maulbeere *(Morus rubra)*, Korea- oder Japanische Mandel-Kirsche *(Prunus tomentosa)*, Japanische oder Erdbeer-Himbeere *(Rubus illecebrosus)*.

Nutzen

Wildobst: Die Früchte schmecken nach einer Mischung aus Banane, Mango und Melone, können roh ausgelöffelt und zu vielerlei verarbeitet werden, sind aber nicht lagerbar.

Wildtiere: Kleinsäuger wie Haselmaus oder Eichhörnchen nutzen die Früchte.

Indianerbanane
(Asimina triloba), Blüte

Indianerbanane
(Asimina triloba), Blätter

Indianerbanane
(Asimina triloba), aufgeschnittene Früchte

Indianer-banane, Dreilappige Papau

Asimina triloba
(Annonengewächs)

Winterhärtezone: 7b
Blütezeit: April–Mai

Steckbrief 3–8 m hoher, zweihäusiger, Milchsaft führender Baum oder Strauch. Junge Zweige filzig. Blattstiel 2,5–10 cm lang, Blattspreite 7–20 cm lang, ungeteilt oder meist 2- bis 3-lappig, in Form und Größe sehr variabel, nicht selten am selben Trieb ungeteilt und 3-lappig, oberseits rau, unterseits dicht weichhaarig. Herbstfärbung des Laubs gelb. Männliche Kätzchen walzlich, weibliche kugelig. Fruchtverband 2–3 cm im Durchmesser, orangerot, essbar.

Verbreitung Beheimatet in Ostasien, eingebürgert in Südeuropa und Nordamerika.

Standort & Boden Liebt durchschnittliche Gartenböden und sommerwarme, windgeschützte, wintermilde, vollsonnige Standorte.

Eigenschaften Luft- und Bodentrockenheit ertragend, verträgt keine Bepflasterung. Art im Weinbauklima winterhart – getestet in der Gartenbauschule Wien-Schönbrunn.

Im Garten Parks, große Gärten, Wildobstgärten.

Kulturpflanze In Europa zu Zierzwecken seit spätestens 1750 in gärtnerischer Kultur.

Vermehrung Am einfachsten Abtrennen der unterirdischen Ausläufer im Frühling.

Weitere Arten:

Osagedorn oder Milchorange
(Maclura pomifera)

Weiße Maulbeere
(Morus alba)

Schwarze Maulbeere
(Morus nigra)

Chinesischer Papiermaulbeerbaum

Broussonetia papyrifera
(Maulbeergewächs)

Winterhärtezone: 7b
Blütezeit: Mai

Geeignete Partner Westlicher Erdbeerbaum *(Arbutus unedo)*, Virginischer Schneeflockenstrauch *(Chionanthus virginicus)*, Blauschotenbaum oder Blaugurke *(Decaisnea fargesii)*, Lotuspflaume *(Diospyros lotus)*, Rosinenbaum *(Hovenia dulcis)*, Sand-Kirsche *(Prunus pumila)*, Granatapfel *(Punica granatum)*, Jujube *(Ziziphus jujuba)*.

Nutzen
In der südostasiatischen Heimat seit dem 1. Jh. v. Chr. zur Papierherstellung genutzt, auch als Möbelholz, Arzneipflanze und zur Herstellung von Rindenbaststoff.
Wildobst: Die Früchte sind genießbar, schmecken süßlich, aber wenig aufregend und werden aufgrund ihres interessanten Aussehens mehr als Zierfrüchte genutzt.
Wildtiere: Wertvoll für Insekten, besonders Bienen und Schmetterlinge, Nährbaum für Vögel.

Hainbuche

Carpinus betulus
(Birkengewächs)

Winterhärtezone: 5b
Blütezeit: April–Mai

Steckbrief Bis etwa 20 m hoher Baum mit eiförmigen, gesägten Blättern. Männliche Blüten in hellgelben Kätzchen, weibliche Blüten unscheinbar.

Verbreitung Europäisch-südwestasiatische Art, beheimatet in großen Teilen Europas, östlich bis zum Kaukasus.

Standort & Boden Für jeden normalen Gartenboden in sonniger bis schattiger Lage.

Eigenschaften Frosthart, stadtklimafest, windfest, schnittverträglich, salzempfindlich, empfindlich gegen Verdichten, hohes Ausschlagsvermögen, hitzeverträglich, schwermetalltolerant.

Im Garten Hecke. Hainbuchen zählen zu den besten Heckenpflanzen. Sie verlieren ihr braunes Laub erst im Zuge des Winters, bieten dadurch auch in der kalten Jahreszeit einen Sichtschutz und putzen sich im kommenden Frühjahr durch den Neuaustrieb.

Kulturpflanze Seit spätestens 17. Jh. in gärtnerischer Kultur. In zahlreichen Kulturformen, so 'Columnaris' mit eiförmiger Krone und durchgehendem Stamm, 'Frans Fontaine' mit säulenartigem Wuchs und höchstens 8 m Höhe, 'Incisa' mit tief gelapptem Laub und schwachem Wuchs, 'Purpurea' mit rötlichem Laubaustrieb und 'Quercifolia' mit tief gelapptem Laub und hohem Wuchs.

Vermehrung Am besten Aussaat, wobei gleich nach der Ernte gesät wird – Trockenheit der Samen wirkt keimhemmend. Absenker und Stecklinge im Juni/Juli möglich.

Weitere Arten:

Östliche oder Orientalische Hainbuche
(Carpinus orientalis)

Siebolds Erle
(Alnus sieboldiana)

Kaukasus-Erle
(Alnus subcordata)

Geeignete Partner Eingriffeliger Weißdorn *(Crataegus monogyna)*, Echter Spindelstrauch oder Europäisches Pfaffenhütchen *(Euonymus europaeus)*, Blumen- oder Manna-Esche *(Fraxinus ornus)*, Echter Goldregen *(Laburnum anagyroides)*, Rote oder Echte Heckenkirsche *(Lonicera xylosteum)*, Wild-Birne *(Pyrus pyraster)*, Hunds-Rose *(Rosa canina)*, Pimpernuss *(Staphylea pinnata)*, Wolliger Schneeball *(Viburnum lantana)*.

Nutzen

Boden: Wertvoll zur Böschungssicherung. Außerdem für ingenieurbiologische Bauweisen in Heckenlagen zur Sicherung von Dämmen, Halden und Hängen genutzt. Ihr Laub wirkt bodenverbessernd.
Arzneipflanze: In der Bachblüten-Therapie eingesetzt bei Erschöpfung und Übermüdung.

Wildtiere: Raupenfutterpflanze für Dutzende Schmetterlingsarten, so etwa Haseleule *(Colocasia coryli)*, Augsburger Bär (*Pericallia matronula*, Syn. *Arctia matronula*), Schönbär *(Callimorpha dominula)* und Sphinx- oder Herbst-Rauhaar-Eule *(Asteroscopus sphinx)*.
Futterpflanze der Hainbuchen-Florfliege *(Hypochrysa elegans)*, die vor Blattlausplagen schützt. Windblütler wie die Hainbuche werden von den Insekten als Pollenquelle kaum genutzt, ausgenommen unter anderem von der Mauerbiene *Osmia bicornis*, die sogar den Pollen von *Carpinus* sammelt. Hainbuchen sind bei Vögeln beliebt. An den Samen picken Kleiber, Buchfink, Grünfink, Dompfaff, Buntspecht, Fichtenkreuzschnabel und Fasan. Bei Kernbeißern gehören sie zum Lieblingsfutter, sie vertilgen täglich bis zu 260 Samen. Vogelnistgehölz.

Steckbrief Bis etwa 20 m hoher Baum mit breit ausladender Krone, länglich elliptischen Blättern und gelber Herbstfärbung des Laubes. Blüten grünlich, unscheinbar. Frucht kugelig, reif violettbraun.

Verbreitung Mediterrane Art, nördlich bis Südtirol.

Standort & Boden Liebt sonnig-warme Standorte und nährstoffreiche, kalkreiche Böden.

Eigenschaften Hitzeverträglich, trockenheitsresistent, frostempfindlich, stadtklimafest, industriefest, robust gegenüber Luftverschmutzung, widerstandskräftig gegenüber Krankheiten, tief reichendes Wurzelwerk.

Im Garten Hausbaum, Straßenbaum, Wildobstgarten, Innenhof.

Kulturpflanze Seit dem 16. Jh. aus der Gartenkultur bekannt.

Vermehrung Aussaat nach dem Auswaschen der Früchte und anschließendem Aufrauen der Samenschale.

Geeignete Partner Breitblättrige Glockenblume *(Campanula latifolia)*, Rote Spornblume *(Centranthus ruber)*, Warzen-Spindelstrauch *(Euonymus verrucosus)*, Deutsche Schwertlilie *(Iris germanica)*, Bunte Schwertlilie *(Iris variegata)*, Gelbe Platterbse *(Lathyrus laevigatus)*, Punktierter Gilbweiderich *(Lysimachia punctata)*, Echte oder Garten-Pfingstrose *(Paeonia officinalis)*.

Weitere Arten:

Kaukasus-Zürgelbaum
(Celtis caucasica)

Westlicher oder Amerikanischer Zürgelbaum
(Celtis occidentalis)

Westlicher oder Amerikanischer Zürgelbaum
(Celtis occidentalis)

Südlicher oder Europäischer Zürgelbaum

Celtis australis
(Hanfgewächs)

Winterhärtezone: 6b
Blütezeit: April–Mai

Nutzen
Wildobst: Die Früchte, Zürgeln genannt, können zu Süßspeisen und in Backwaren verarbeitet werden.
Wildtiere: Wildvögel wie Kernbeißer, Star, Amsel, Ringeltaube, Blutspecht, Pirol und Seidenschwanz naschen die Früchte.
Raupenfutterpflanze für den mediterranen Zürgelbaum-Schnauzenfalter *(Libythea celtis)*.

Kuchenbaum, Katsura

Cercidiphyllum japonicum
(Kuchenbaumgewächs)

Winterhärtezone: 5b
Blütezeit: April–Mai

Steckbrief Etwa 10 m hoher, zweihäusiger, sommergrüner Baum. Blätter rundlich, mit herzförmiger Basis, Herbstfärbung gelb bis orange und purpurn. Männliche Blüten wenig auffällig, weibliche Blüten mit purpurroten Narbensäumen.

Verbreitung Beheimatet in Japan und China an Gebirgsbächen und Flussufern des Berglandes.

Standort & Boden Liebt sonnige Lagen und tiefgründige, nährstoffreiche, frische Böden.

Eigenschaften Spätfrostempfindlich, reagiert bei Hitzeperioden auf trockenen Standorten gelegentlich mit Blattabwurf, treibt jedoch bei genügender Feuchtigkeit innerhalb kurzer Zeit wieder aus. Treibt früh im Jahr aus und ist deshalb spätfrostgefährdet. Herbstfärbung des Laubes auf sauren Böden wesentlich intensiver als auf kalkreichen.

Im Garten Solitärstellung, Hausbaum, in der Nähe von Sitzplätzen.

Kulturpflanze In Europa seit spätestens 1864 in gärtnerischer Kultur. Empfehlenswerte Sorten sind unter anderem 'Heronswood Globe' mit kleiner, kugeliger Krone und prächtiger Herbstfärbung und 'Rotfuchs' mit purpurn austreibenden Blättern und niedrigem Wuchs.

Vermehrung Aussaat im Frühjahr oder Kopfstecklinge im Frühsommer.

Geeignete Partner Blumen- oder Manna-Esche *(Fraxinus ornus)*, Blasenesche *(Koelreuteria paniculata)*, Amerikanischer Amberbaum *(Liquidambar styraciflua)*, Sommer- oder Kobushi-Magnolie *(Magnolia kobus)*, Vielblütiger Apfel *(Malus floribunda)*, Scharlach- oder Sachalin-Kirsche *(Prunus sargentii)*, Scharlach-Eiche *(Quercus coccinea)*, Amur-Korkbaum *(Phellodendron amurense)*.

Nutzen

Wildtiere: Die Früchte sind eine willkommene Winternahrung für Dompfaff, Erlenzeisig, Buchfink und Meisen.

Weitere Arten:

Seidenbaum, Seidenakazie
(Albizia julibrissin)

Japanischer Losbaum
(Clerodendrum trichotomum)

Kiribaum
(Paulownia fortunei)

Garten-Zierquitte

Chaenomeles ×superba
(Rosengewächs)

Winterhärtezone: 5a
Blütezeit: März–April

Steckbrief Bis 2,5 m hoher und breiter, dicht verzweigter, dorniger, sommergrüner Strauch. Blattspreiten 3–5 cm lang, breit eiförmig, grob kerbig gesägt, glänzend, kahl. Blüten rot, ziegelrot, rosa, weiß oder orange, 2,5–3 cm im Durchmesser. Früchte kugelig bis eiförmig, 3–4 cm breit, gelb bis olivgrün, oft dunkel punktiert, aromatisch duftend.

Verbreitung Hybride aus der in Japan (Honshu und Kyushu) heimischen Japanischen Zierquitte *(Chaenomeles japonica)* und der in China und Burma beheimateten Chinesischen Zierquitte *(Ch. speciosa)*.

Standort & Boden Anspruchslose Pflanze für sonnige bis halbschattige Lagen und normale Böden, die leicht alkalisch bis sauer sein dürfen. Bei zu kalkhaltigem Substrat neigt die Pflanze zu Chlorose.

Eigenschaften Unempfindlich gegenüber mechanischen Verletzungen, frosthart, industriefest, verträgt Trockenzeiten und gelegentliche Radikalrückschnitte.

Im Garten Blütenmischhecke, Wildobstgarten.

Kulturpflanze 1784 beschrieb der schwedische Botaniker Carl Peter Thunberg die Japanische Zierquitte als *Pyrus japonica*, 12 Jahre später brachte der englische Botaniker Joseph Banks eine Pflanze aus China nach London, die man für diese von Thunberg beschriebene Art hielt. Die echte Japanische Zierquitte kam erst 1869 aus Japan nach

Weitere Arten:

Cathaya- oder Dornige Zierquitte
(Chaenomeles cathayensis)

Chinesische Zierquitte
(Chaenomeles speciosa)

Japanische Zierquitte
(Chaenomeles japonica)

Europa und wurde fortan verbreitet. Ab 1898 entstand die Hybride *Chaenomeles ×superba* zufällig in verschiedenen Baumschulen. In der Folge entstanden vor allem in Frankreich und Kalifornien zahlreiche Kultivare, Rückkreuzungen mit den Elternsippen sowie Einkreuzungen mit einer dritten Art, nämlich *Chaenomeles cathayensis*.

Vermehrung Stecklinge im Juni/Juli, Wurzelschnittlinge, Teilung angehäufelter Mutterpflanzen, Aussaat gleich nach Ernte oder Veredelung.

Geeignete Partner Niederer Maiblumenstrauch oder Zierliche Deutzie *(Deutzia gracilis)*, Flügel-Spindelstrauch *(Euonymus alatus)*, Prunkspiere *(Exochorda racemosa)*, Perlmuttstrauch oder Kolkwitzie *(Kolkwitzia amabilis)*, Echter Goldregen *(Laburnum anagyroides)*, Pimpernuss *(Staphylea pinnata)*, Bogen- oder Hänge-Flieder *(Syringa reflexa)*, Oster- oder Großblumiger Schneeball *(Viburnum ×carlcephalum)*.

Nutzen

Wildobst: Zierquittenfrüchte können zu Saft, Likör, Marmelade, Süßmost, Quittenbrot, Bonbons, Gelee usw. verarbeitet werden. Wegen ihres angenehmen Dufts werden sie auch gerne in den Wäscheschrank gelegt. Geerntet werden die Früchte kurz vor den ersten Frösten. Setzt man *Chaenomeles*-Arten vorrangig zum Ernten der Früchte, sollte man die besonders vitaminreiche Sorte 'Cido' wählen, die es auf etwa 100 mg Vitamin C je 100 g bringt (etwa doppelt so viel wie Zitronen). Wegen ihres hohen Pektingehaltes eignen sie sich hervorragend zum Gelieren.

Zierpflanze: Zierquitten werden in der Floristik als Treibgehölz geschätzt. Sie werden meist schon im Winter zur Blüte und in den Handel gebracht.

Wildtiere: Die Blüten bieten den Insekten zeitig im Jahr einen nahrhaften, gelbbraunen Pollen. Die bedornten Zweige und der sparrige Wuchs geben Vögeln Schutz.

Steckbrief Bis 1 m hoher, kompakter, sternhaarig behaarter Strauch. Blätter länglich eiförmig, sitzend, markant genervt, bis 5 cm lang. Blüten dunkelrosa, Blütenmitte gelb.

Verbreitung Hybride aus Krauser Zistrose *(Cistus crispus)* und Weißhaariger Zistrose *(C. albidus)*.

Standort & Boden Liebt sandig-durchlässige, nährstoffarme, trockene Böden und sonnige, windgeschützte Standorte.

Eigenschaften Empfindlich gegenüber kalten Winterwinden und Staunässe, trockenheitsverträglich. Winterschutz durch Vlies oder Reisig ratsam. Zistrosen, die in steinig-sandigem Substrat herangezogen werden, sind winterhärter und langlebiger als solche, die in humos-torfigem Substrat heranwachsen. Art im Weinbauklima winterhart – getestet in der Gartenbauschule Wien-Schönbrunn.

Im Garten Mediterraner Garten, Duft-, Arznei-, Steingarten.

Kulturpflanze Bereits seit 1584 ist die Salbeiblättrige Zistrose *(Cistus salviifolius)* in Mitteleuropa in Kultur. In der Renaissance fand man den Strauch verbreitet in den Gärten Europas, vor allem in Schlesien. Anfang des 19. Jh. lag der Beliebtheitsschwerpunkt der Gattung in England. Es entstanden zahlreiche Kreuzungen und Sorten. Schnell und scheinbar ohne ersichtlichen Grund verschwanden die Zistrosen dann aus dem Sortiment englischer und mitteleuropäischer Gärtnereien und zählen auch heute noch zu den seltener gezogenen Kleinsträuchern. Am widerstandsfähigsten gegenüber Kälte haben sich folgende weißblütige *Cistus*-Sippen erwiesen: *Cistus ×hybridus* (= *C. populifolius* × *C. salviifolius*), Lorbeerblättrige Zistrose *(C. laurifolius)*, Albanische Zistrose *(C. sintenisii)* und Salbeiblättrige Zistrose *(C. salviifolius)*.

Vermehrung Stecklinge im Juni in Quarzsand.

Geeignete Partner Blut-Johanniskraut *(Hypericum androsaemum)*, Schopf-Lavendel *(Lavandula stoechas)*, Echte oder Baumförmige Strauchpappel *(Lavatera arborea)*, Enzianblauer Steinsame *(Lithodora diffusa)*, Rosmarin *(Rosmarinus officinalis)*, Echter Salbei *(Salvia officinalis)*, Echter Thymian *(Thymus vulgaris)*.

Nutzen
Arzneipflanze: *Cistus*-Tee wird unter anderem eingesetzt bei Entzündungen des Mund- und Rachenraumes, bei Zahnfleischsaum-Entzündungen und Prothesendruckstellen, zur Parodontose- und Kariesprophylaxe, bei Gastritis, bakteriell bedingten Hauterkrankungen, chronischen Ekzemen und Windeldermatitis.
In der Aromatherapie wird Zistrose unter anderem bei Hauterkrankungen eingesetzt.
Duftpflanze: Aus manchen Zistrosen-Arten wie der Lack-Zistrose wird das Ladanumharz gewonnen, welches in der Parfüm-, Seifen- und Tabakindustrie genutzt wird.

Weitere Arten:

Graue Zistrose
(Cistus incanus)

Lack-Zistrose
(Cistus ladanifer)

Lorbeerblättrige Zistrose
(Cistus laurifolius)

Pinke Zistrose

Cistus ×pulverulentus
(Zistrosengewächs)

Winterhärtezone: 7b
Blütezeit: Mai–Juni

Steckbrief 1–2,5 m hoher, sommergrüner Strauch mit unpaarig gefiederten Blättern. Blüten gelb, zu 3–8 in Trauben. Früchte pergamentartige, aufgeblasene Hülsen.

Verbreitung Südeuropäische Art, nördlich bis ins Oberrheingebiet reichend.

Standort & Boden Liebt trockenen, kalkhaltigen Boden und vollsonnige Lagen.

Eigenschaften Hitze- und trockenresistent, windfest, salzverträglich, industriefest, hohes Ausschlagsvermögen, stadtklimafest und lichtbedürftig, mit tief reichendem Wurzelsystem.

Im Garten Steppengarten, Schmetterlingsgarten, Ränder von Straßen, an denen im Winter Salz gestreut wird, Blütensträucherhecke.

Kulturpflanze In Europa seit spätestens 1570 in Gartenkultur. Der pomesanische Bischof Johann Wigand beschreibt die Art in seinem Pflanzenverzeichnis 1583 als häufig gesetzte Zier- und Heilpflanze.

Vermehrung Aussaat im Herbst. Aufrauen der Samenschalen verkürzt die Keimzeit. Stecklingsvermehrung im Sommer möglich.

Geeignete Partner Amethyst-Mannstreu *(Eryngium amethystinum)*, Strauch(kron)wicke *(Hippocrepis emerus)*, Schwert-Alant *(Inula ensifolia)*, Österreichischer Lein *(Linum austriacum)*, Weinbergs-Traubenhyazinthe oder -Träubel *(Muscari neglectum)*, Zwerg-Mandel *(Prunus tenella)*, Flaum-Eiche *(Quercus pubescens)*, Pimpinell-Rose *(Rosa spinosissima)*, Violette oder Purpur-Königskerze *(Verbascum phoeniceum)*.

Nutzen

Boden: Hat ein tief und weit reichendes Wurzelsystem, bindet mittels Knöllchenbakterien Luftstickstoff.
Wildtiere: Futterpflanze unter anderem für die Raupen von Postillon *(Colias croceus)*, Zwerg-Bläuling *(Cupido minimus)* und Großem Wanderbläuling *(Lampides boeticus)*. Unter anderem sind die Harzbiene *Anthidium byssinum*, die Blattschneiderbiene *Megachile nigriventris* und die Langhornbienen *Eucera longicornis* und *E. nigrescens* auf Hülsenfrüchtler wie den Blasenstrauch angewiesen.

Weitere Arten:

Buhse-Blasenstrauch
(Colutea buhsei)

Zilizischer Blasenstrauch
(Colutea cilicica)

Östlicher oder Orientalischer Blasenstrauch
(Colutea orientalis)

Echter Blasenstrauch

Colutea arborescens
(Hülsenfrüchtler)

Winterhärtezone: 6a
Blütezeit: Mai–August

Kornelkirsche, Dirndlstrauch

Cornus mas
(Hartriegelgewächs)

Winterhärtezone: 5b
Blütezeit: Februar–März

Steckbrief Bis 6 m hoher, langlebiger Strauch oder Baum mit eilanzettlichen Blättern. Blüten in kugelförmigen Dolden, Kronblätter gelb. Früchte rot, eilänglich, essbar.

Verbreitung Mediterrane Art, reicht nördlich in seiner natürlichen Verbreitung bis Belgien und Thüringen, östlich bis in den Kaukasus und auf die Krim.

Standort & Boden Liebt kalkreiche, eher trockene Böden und sonnige bis halbschattige Standorte.

Eigenschaften Hitzeverträglich, frosthart, stadtklimafest, industriefest, bodensalzverträglich, windfest, empfindlich gegen Bodenverdichtung, langlebig (bis gut 100 Jahre alt), schnittfest, hohes Ausschlagsvermögen, härtestes Holz aller heimischen Gehölze. Beste Zeit für Schnitt Juni/Juli.

Im Garten Solitärstrauch, Wildobsthecke, Unterpflanzung von Großgehölzen, Wildvogelgarten.

Kulturpflanze In zahlreichen Zier- und Fruchtsorten, so 'Alba' mit weißen Früchten, 'Aurea' aus dem Jahr 1895 mit gelben Blättern, 'Yellow' mit gelben Früchten, 'Jolico' mit sehr großen Früchten, 1990 in Wien ausgelesen, 'Schönbrunner Gourmet-Dirndl' mit großen, besonders geschmackvollen Früchten und 'Variegata' mit weiß gerandeten Blättern und reichem Fruchtansatz aus dem Jahr 1838. Für eine ausreichende Befruchtung sollte zu den Fruchtsorten auch die wilde Kornelkirsche gepflanzt werden.

Weitere Arten:

Blumen-Hartriegel
(*Cornus florida* 'Rubra')

Japanischer Blumen-Hartriegel
(*Cornus kousa*), Herbstfärbung

Blutroter Hartriegel
(*Cornus sanguinea*)

Vermehrung Am besten durch Absenker. Wurzelschnittlinge von November bis März möglich, aber nur empfehlenswert, wenn eine größere Zahl an Jungpflanzen gewünscht ist. Samenvermehrung möglich, Keimung aber meist erst im 3. Jahr.

Geeignete Partner Echte Felsenbirne *(Amelanchier ovalis)*; Europäische Zyklame oder Europäisches Alpenveilchen *(Cyclamen purpurascens)*, Breitblättriger Spindelstrauch *(Euonymus latifolius)*, Leberblümchen *(Hepatica nobilis)*, Frühlings-Platterbse *(Lathyrus vernus)*, Duft-Weißwurz oder Echtes Salomonssiegel *(Polygonatum odoratum)*, Stängellose Primel *(Primula vulgaris)*, Mehlbeere *(Sorbus aria)*.

Nutzen

Boden: Wegen intensiver Wurzelbildung wertvoll zur Böschungsbefestigung. Wird auch für ingenieurbiologische Bauweisen in Heckenlagen zur Sicherung von Dämmen, Halden und Hängen genutzt.

Wildobst: Die Früchte eignen sich zum Rohgenuss, aber auch zur Verarbeitung. So kann aus ihnen Marmelade, Saft, Wein, Schnaps und Likör hergestellt werden. Sauer eingelegt ergeben die unreifen Früchte die schmackhaften «Pielachtaler Oliven».

Haustierfutter: Als Haustierfutter werden die Zweige und Blätter von Nagetieren angenommen, die Früchte von größeren Vögeln.

Wildtiere: Mäßige Bienenweide, aber wegen der frühen Blütezeit wertvoll für Honig- und Wildbienen. Vom zeitigen Nektarangebot profitieren auch früh im Jahr fliegende Schmetterlinge, die als fertiger Falter überwintert haben: Zitronenfalter, Tagpfauenauge, Kleiner Fuchs und C-Falter. Aber auch Glanz-, Schnell-, Rüssel- und Bockkäfer sowie Wegwespen nutzen die Blüten der Kornelkirsche. Dompfaff, Kleiber, Eichelhäher, Kernbeißer und 20 andere heimische Vogelarten mögen die Früchte genauso wie Siebenschläfer und Haselmaus. Blätter und Triebe sind ein gerne angenommenes Futter bei Rehen und Feldhasen. Wertvolles Nistgehölz.

Eingriffeliger Weißdorn

Crataegus monogyna
(Rosengewächs)

Winterhärtezone: 5a
Blütezeit: Mai–Juni

Steckbrief 2–6 m hoher Strauch oder Baum mit gelappten Blättern. Blüten weiß, mit einem Griffel, stark riechend. Früchte rot, rundlich.

Verbreitung Europäisch-westasiatische Art, eingebürgert im östlichen Nordamerika.

Standort & Boden Für jeden normalen Gartenboden in sonniger bis halbschattiger Lage, besonders gerne in kalkreichen Lehmböden.

Eigenschaften Tiefwurzler, empfindlich gegen Bodenverdichtung, hitzeverträglich, frosthart, schnittverträglich, stadtklimafest, industriefest, hohes Ausschlagsvermögen, äußerst windfest, Feuerbrandwirt, salzempfindlich.

Im Garten Wildhecke, Vogelschutzhecke, Arzneigarten, im Gartenhintergrund (wegen des eigenartigen Geruchs der Blüten).

Kulturpflanze In mehreren Kulturformen, so 'Compacta' mit mehr oder weniger kugeliger Form, 'Flexuosa' mit korkenzieherartig gedrehten Trieben und 'Stricta' mit Säulenform. Am häufigsten wird allerding der 1858 ausgelesene Typ 'Paul's Scarlet' mit purpurrosa Blüten kultiviert, der Rotdorn genannt wird. Seit dem Auftreten der Bakterienkrankheit Feuerbrand in Mitteleuropa ist die Bedeutung des Rotdorns zurückgegangen.

Vermehrung Aussaat. Der Samen benötigt aber zwei Kaltperioden, welche durch zwei Winter oder schneller durch zwei Perioden im Gefrierschrank erreicht werden. Auch frühes Ernten vor der Vollreife mit anschließend sofortiger Aussaat verkürzt die lange Keimzeit. Absenker, Stockteilung und Veredelung auf Mehlbeere oder Felsenbirne sind möglich.

Geeignete Partner Echte oder Gewöhnliche Berberitze *(Berberis vulgaris)*, Kornelkirsche *(Cornus mas)*, Echte Steinmispel oder Gewöhnliche Zwergmispel *(Cotoneaster integerrimus)*, Echter Spindelstrauch oder Europäisches Pfaffenhütchen *(Euonymus europaeus)*, Faulbaum *(Frangula alnus)*, Sanddorn *(Hippophae rhamnoides)*, Echter Wacholder *(Juniperus communis)*, Schlehe oder Schwarzdorn *(Prunus spinosa)*, Purgier-Kreuzdorn *(Rhamnus cathartica)*, Hunds-Rose *(Rosa canina)*, Schwarzer Holunder *(Sambucus nigra)*, Wolliger Schneeball *(Viburnum lantana)*.

Nutzen

Boden: Wegen seiner tief gehenden Wurzeln und seiner Verschüttungsresistenz wertvoll zur Böschungsfestigung.

Wildobst: Weißdornfrüchte haben wenig Eigengeschmack und dienen daher meist zum Strecken von Marmeladen und Fruchtsäften.

Arzneipflanze: Weißdornzubereitungen verstärken die Kontraktionskraft des Herzens, verbessern die Durchblutung der Herzkranzgefäße und des Herzmuskels und wirken ökonomisierend im Hinblick auf den Sauerstoff- und Energieverbrauch. Angewendet werden sie vor allem bei nachlassender Leistungsfähigkeit des Herzens im Alter und nach Infektionskrankheiten und bei Druck- und Beklemmungsgefühlen im Herzbereich.

Wildtiere: 228 Insektenarten nutzen die heimischen Weißdorn-Arten, darunter 65 Schmetterlingsarten. Für Honigbienen bilden die Blüten gegen Ende des Frühlings eine willkommene Nahrungsquelle zwischen Früh- und Frühsommertracht. Mit dem Pollen des Weißdorns verproviantieren 16 Seidenbienen-Arten ihre Brutzellen. Haupttrachtpflanze für die auch in Gärten fliegenden Kryptarum-Erdhummel und Vesta-Kuckuckshummel.

Auch die Johannisbeer-Schwebfliege ist an Weißdorn-Pollen und -Nektar gleichermaßen interessiert. Ihre Larven zählen zu den nützlichsten Blattlausvertilgern. Schon die Nachkommen eines einzigen Weibchens vernichten bei zwei Generationen im Jahr rund 2 Millionen Blattläuse.

Die heimischen Weißdorn-Arten sind Futterpflanzen unter anderem für die Raupen von Segelfalter und Kupferglucke *(Gastropacha quercifolia)*.

Nektar, Pollen, Blätter oder Holz der Weißdorne sind auch die zusagende Nahrung verschiedener Käferarten wie dem Goldglänzenden Rosenkäfer und dem Geheimnisvollen Wimperbock.

32 Vogelarten sind bisher bekannt, welche Weißdorn-Früchte nutzen, darunter Birkhuhn, Haselhuhn, Misteldrossel, Singdrossel, Seidenschwanz, Buchfink, Blaumeise und Rotkehlchen. Wegen ihrer dichten Verzweigung und Bedornung sind Weißdornhecken schwer zugänglich und damit ideale Brutplätze.

Weitere Arten:

Apfeldorn oder Lederblättriger Weißdorn
(Crataegus ×lavallei)

Mittlerer oder Bastard-Weißdorn
(Crataegus ×media)

Rotdorn
(Crataegus 'Pauls Scarlet')

Taschentuch-baum

Davidia involucrata
(Tupelobaumgewächs)

Winterhärtezone: 7a (var. *vilmoriniana*)
Blütezeit: Mai–Juni

Steckbrief Etwa 8 m hoher Baum mit unscheinbaren Blüten, aber taschentuchähnlichen Hochblättern. Blätter breit herzförmig, sommergrün, später Blattfall. Steinfrucht ungenießbar.

Verbreitung Beheimatet in Westchina.

Standort & Boden Liebt sonnige bis halbschattige Lagen und frische, nährstoffreiche, lehmige, durchlässige Böden.

Eigenschaften Wärmebedürftig, hitzeverträglich, windempfindlich, frostempfindlich im Jugendzustand, empfindlich gegenüber Bodenverdichtung, langsam wachsend, Tiefwurzler.

Im Garten Hausbaum, Solitärbaum, Vorgarten.

Kulturpflanze Obwohl bereits 1869 von Armand David entdeckt, brachte erst der englische Pflanzenjäger Ernest Henry Wilson (1876–1930) 1903 den Taubenbaum, wie die Pflanze auch genannt wird, nach Europa. In Gartenkultur befindet sich meist die nach der französischen Baumschule benannte Varietät *vilmoriniana* mit schmäleren, hellgrünen Blättern und größerer Kälteverträglichkeit.

Vermehrung Am besten durch Absenker oder Abmoosen. Kopfstecklinge im Juli möglich. Aussaat möglich, doch brauchen die Samen mehrere Jahre, bis sie keimen. Starke Temperaturschwankungen als Stratifikation beschleunigen die Keimung.

Geeignete Partner Chinesische Winterblüte *(Chimonanthus praecox)*, Virginischer Schneeflockenstrauch *(Chionanthus virginicus)*, Bitterorange *(Citrus trifoliata)*, Echter Goldregen *(Laburnum anagyroides)*, Kreppmyrte oder Kräuselmyrte *(Lagerstroemia indica)*, Sommer- oder Siebolds Magnolie *(Magnolia sieboldii)*, Paternosterbaum *(Melia azedarach)*, Gelber Sternjasmin *(Trachelospermum asiaticum)*.

Nutzen
Wildtiere: Die Blüten werden von Insekten, vor allem Hautflüglern, besucht.

Taschentuchbaum
(Davidia involucrata), Laubblätter

Taschentuchbaum
(Davidia involucrata), Hochblätter

Taschentuchbaum
(Davidia involucrata), Frucht

Steckbrief Bis 4 m hoher, sommergrüner, bewehrter Strauch mit silbrigen, breit lanzettlichen Blättern und cremeweißen, duftenden, 4-zähligen Blüten. Früchte rund, braunrot oder gelb, essbar.

Verbreitung Beheimatet in Asien von Afghanistan bis Japan und Korea.

Standort & Boden Liebt sonnige Standorte, in Bezug auf den Boden anspruchslos, am liebsten aber in lockeren, sandigen, frischen Böden.

Eigenschaften Hitze- und trockenheitsliebend, stadtklimaresistent, industriefest, windfest, salzverträglich, gut schnittverträglich, tiefwurzelnd. Braucht vollsonnigen Standort, Schatten bewirkt Schiefwüchsigkeit.

Im Garten Obstgarten, Duftgarten, Böschungssicherung, Hecken.

Kulturpflanze In gelb- und rotfrüchtigen Sorten. 'Amber' hat gelbe, große, süße Früchte, 'Fortunella' ist ähnlich, aber selbstunfruchtbar, 'Garnet' mit roten, süßen, früh reifenden Früchten, selbstfruchtbar, 'Serinus' hat süß-säuerliche, rote, schmackhafte Früchte, reichtragend, 'Turdus' mit besonders silbrigem Laub und roten, kleineren Beeren, Zier- und Obstsorte.

Vermehrung Aussaat im Herbst oder Grünstecklinge im Juni/Juli. Das Saatgut sollte ausgewaschen und stratifiziert werden.

Geeignete Partner Blauschotenstrauch oder Blaugurke *(Decaisnea fargesii)*, Mispel *(Mespilus germanica)*, Boysenbeere *(Rubus idaeus ×ursinus)*, Chinesische oder Tangutische Himbeere *(Rubus cockburnianus)*, Erdbeer- oder Japanische Himbeere *(Rubus illecebrosus)*, Lachsbeere oder Pracht-Himbeere *(Rubus spectabilis)*, Schwarze Himbeere *(Rubus occidentalis)*, Silber-Büffelbeere *(Shepherdia argentea)*.

Nutzen
Boden: Als Pionierpflanze wertvoller Böschungsfestiger. Ähnlich wie die Hülsenfrüchtler ist sie in der Lage, mithilfe von Bakterien Luftstickstoff pflanzenverfügbar zu machen.
Wildobst: Schmackhafte Früchte. Aus den Blüten lassen sich aromatische Liköre erzeugen.

Weitere Arten:

Korallen-Ölweide
(Elaeagnus umbellata)

Korallen-Ölweide
(Elaeagnus umbellata)

Schmalblättrige Ölweide
(Elaeagnus angustifolia)

Korallen-Ölweide, Doldige Ölweide

Elaeagnus umbellata
(Ölweidengewächs)

Winterhärtezone: 5b
Blütezeit: Mai–Juni

Echter Spindelstrauch

Euonymus europaeus
(Spindelstrauch- oder Baumwürgergewächs)

Winterhärtezone: 4
Blütezeit: Mai–Juni

Steckbrief 2–4 m hoher Strauch mit schmal eiförmigen, im Herbst rot gefärbten Blättern und grünlichen, unscheinbaren Blüten. Früchte zweifarbig rosa-orange.

Verbreitung Europäische Art von Nordspanien, den Britischen Inseln und Südschweden östlich bis ins Wolgagebiet, zum Kaukasus und zum Kaspischen Meer.

Standort & Boden Für jeden normalen Gartenboden in sonniger bis halbschattiger Lage, besonders für nährstoffreiche, tiefgründige Lehmböden.

Eigenschaften Frosthart, windfest, hitzefest, industriefest, stockausschlagsfähig, verträgt sommerliche Trockenheit und Überflutung, salzempfindlich, verträgt Wurzeldruck, langsam wachsend. Gefährdet durch die Spindelstrauch-Gespinstmotte. Mag keine Unterpflanzung im Wurzelbereich. Giftig.

Im Garten Wildhecken, Vogelschutzhecken, im Hintergrund von Gartenteichen und als Solitär.

Kulturpflanze In mehreren Sorten, so 'Albus' mit weißen Fruchtkapseln, 'Atropurpureum' mit purpurnem Laub, 'Brillant' mit schmalerem Wuchs und 'Red Cascade' mit besonders zahlreichen Früchten.

Vermehrung Am einfachsten durch Absenker. Stecklingsvermehrung im Mai/Juni möglich, Wurzelschnittlinge von November bis Februar.

Weitere Arten:

Kork-Spindelstrauch
(Euonymus phellomanus)

Flachstieliger Spindelstrauch
(Euonymus planipes)

Warzen-Spindelstrauch
(Euonymus verrucosus)

Geeignete Partner Zur Hangsicherung mit Feld-Ahorn *(Acer campestre)*, Echter Berberitze *(Berberis vulgaris)*, Hainbuche *(Carpinus betulus)*, Kornelkirsche *(Cornus mas)*, Hasel *(Corylus avellana)*, Eingriffeligem Weißdorn *(Crataegus monogyna)*, Sanddorn *(Hippophae rhamnoides)*, Wein-Rose *(Rosa rubiginosa)*, verschiedenen Weiden-Arten (*Salix* spec.), Schwarzem Holunder *(Sambucus nigra)*, Echtem Schneeball *(Viburnum opulus)*.

Nutzen

Boden: Wird für ingenieurbiologische Bauweisen in Heckenlagen zur Sicherung von Dämmen, Halden und Hängen genutzt. In eng begrenzten, lokalen Quellzonen dient der Spindelstrauch als pumpendes Gehölz zur biologischen Entwässerung. Seine Blattmasse bewirkt einen hohen Wasserverbrauch und damit einhergehend eine Trocknung des Wurzelbereichs.

Arzneipflanze: Die Früchte finden in der Homöopathie unter anderem bei Kopfschmerzen aufgrund von Lebererkrankungen Anwendung.

Wildtiere: Wertvolles Insektennahrungsgehölz. Die kleinen, grünlichen Scheibenblüten werden wegen ihres offenen und reichlich dargebotenen Nektars gerne von Honig- und Sandbienen, Ameisen, Schwebfliegen, Stubenfliegen, Märzhaarmücken und Blaubockkäfern sowie dem Waldbrettspiel besucht.

Raupenfutterpflanze unter anderem für Stachelbeer-Harlekin *(Abraxas grossulariata)*, Schwan *(Euproctis similis)*, Gelber Fleckleibbär *(Spilosoma lutea)* und Johannisbeer-Glasflügler *(Synanthedon tipuliformis)*. Nährgehölz von 24 Wildvogelarten, besonders Rotkehlchen, und 14 Kleinsäugerarten.

Echte Feige

Ficus carica
(Maulbeergewächs)

Winterhärtezone: 7b
Blütezeit: Mai–August

Steckbrief Bis etwa 6 m hoher, sommergrüner, Milchsaft führender Strauch oder Baum. Blätter groß, lang gestielt, Blattspreite tief 5-teilig, mit wellig gezähnten, stumpfen Abschnitten und gerundeten Buchten, gelegentlich ungeteilt. Die zahlreichen weiblichen und männlichen Blüten befinden sich im Inneren der birnenförmig erweiterten, fleischigen Blütenstandsachse. Fruchtverband grün bis braunviolett.

Verbreitung Die Feige zählt zu den ältesten domestizierten Nutzpflanzen des Menschen, weshalb die genaue Herkunft kaum mehr feststellbar ist. Es wird das Mittelmeergebiet und Südwestasien, östlich bis Pakistan reichend, vermutet.

Standort & Boden Liebt lehmig-sandige Böden und begünstigte Standorte im Weinbauklima.

Eigenschaften Feigen sollten tief gesetzt werden, etwa 10 cm unter dem Bodenniveau. Art im Weinbauklima winterhart – getestet in der Gartenbauschule Wien-Schönbrunn.

Im Garten Mediterraner Garten, Obstgarten, geschützte Innenhöfe.

Kulturpflanze In Kreta seit mindestens 1600 v. Chr. als Obstbaum in Kultur. In zahlreichen Fruchtsorten kultiviert, empfehlenswert sind unter anderem: 'Violetta', auch als Bayern-Feige bekannt, gut winterhart, große, wohlschmeckende Früchte, schon in jungen Jahren reichtragend, seit etwa 80 Jahren bekannt, aber erst 1997 benannt. 'Bianca' mit mit-

Feige
(Ficus carica), Blüten

Feige
(Ficus carica), Früchte

Feige
(Ficus carica), Frucht-Querschnitt

telgroßen, grünen Früchten, früher Reife und früh einsetzendem, hohem Ertrag. 'Schweizer Brünli' mit rötlichem Fruchtfleisch, früher Fruchtreife und relativ guter Winterhärte. 'Brown Turkey', auch als 'Bella Brunetta' bekannt, mit guter Winterhärte und großen, braunpurpurnen, geschmackvollen Früchten. 'Perretta' wurde in Höhenlagen des Tessins gefunden, mit starkem Wuchs, guter Winterhärte, großen Früchten mit hellrotem Fruchtfleisch und früher Reife ab August.

Vermehrung Steckhölzer im Frühjahr oder Absenker.

Geeignete Partner Ananas-Guave *(Acca sellowiana)*, Indianerbanane oder Dreilappige Papau *(Asimina triloba)*, Japanische Papiermaulbeere *(Broussonetia kazinoki)*, Pekannuss *(Carya illinoinensis)*, Bitterorange *(Citrus trifoliata)*, Seidenraupenbaum *(Cudrania tricuspidata*, Syn. *Maclura tricuspidata)*, Kaki oder Dattelpflaume *(Diospyros kaki)*, Chinesische Pflaume *(Prunus salicina)*, Granatapfel *(Punica granatum)*.

Nutzen

Wildobst: Frische Feigen sind im Süden ein beliebtes Obst und Nahrungsmittel. Die Früchte bleiben bis zur Vollreife am Baum. Geröstet werden sie zu Feigenkaffee verarbeitet, in Kleinasien auch zu Feigenwein beziehungsweise Feigenschnaps.
Wildtiere: Tiere mögen die Früchte, so etwa die Mönchsgrasmücke.

Steckbrief Bis 10 m hoch werdender Kleinbaum mit rundlicher Krone. Blätter unpaarig gefiedert, Fiederblättchen eiförmig zugespitzt. Blüten duftend, in dichten, weißen, rispigen Blütenständen.

Verbreitung Mediterrane Art, östlich bis Syrien, nördlich bis Österreich und in die Schweiz.

Standort & Boden Liebt trockene bis frische, warme, durchlässige, kalkreiche Böden und sonnige bis absonnige Lagen.

Eigenschaften Frosthart, sehr hitze- und trockenheitsertragend, in der Jugend schattentolerant, wärmeliebend, rauchhart, stadtklimafest, windverträglich, schwermetalltolerant, industriefest.

Im Garten Steppengarten, Duftgarten, als kleiner Hausbaum.

Kulturpflanze Seit mindestens dem Jahr 1700 in Gartenkultur. In mehreren Auslesen, so 'Anita' mit schmal kegelförmiger Krone, 'Arie Peters' mit breiter Krone, 'Meczek' mit kompakter, kugeliger Krone, 'Obelisk' mit schmal säulenförmigem Wuchs oder 'Rotterdam' mit breit kegelförmiger Krone und reich blühend.

Vermehrung Am besten Aussaat. Das Saatgut wird noch vor der Vollreife der Früchte geerntet und gesät. Trockenes, vollreifes Saatgut unterliegt einer starken Keimhemmung.

Geeignete Partner Aufrechte Waldrebe *(Clematis recta)*, Perückenstrauch *(Cotinus coggygria)*, Europäische Zyklame oder Europäisches Alpenveilchen *(Cyclamen purpurascens)*, Lorbeer-Seidelbast *(Daphne laureola)*, Duft-Storchschnabel *(Geranium macrorrhizum)*, Echter Goldregen *(Laburnum anagyroides)*, Immenblatt *(Melittis melissophyllum)*, Gewöhnliche oder Europäische Hopfenbuche *(Ostrya carpinifolia)*, Echter oder Europäischer Pfeifenstrauch *(Philadelphus coronarius*.

Nutzen

Arzneipflanze: Manna wird der an der Luft getrocknete und durch Einschnitte in die Rinde gewonnene Pflanzensaft der Blumen-Esche genannt, daher die Bezeichnung Manna-Esche. Manna ist ein mildes Abführmittel und kann z. B. bei Darmfissuren verwendet werden.
Wildtiere: Wertvolle Insektenweide, vor allem für Bienen und Hummeln.

Weitere Arten:

Schmalblättrige Esche
(Fraxinus angustifolia)

Grün-Esche
(Fraxinus pennsylvanica), Herbstfärbung

Siebolds Esche
(Fraxinus sieboldiana)

Blumen-Esche, Manna-Esche

Fraxinus ornus
(Ölbaumgewächs)

Winterhärtezone: 7a
Blütezeit: Mai

Steckbrief Bis 25 m hoher, sommergrüner, lang bedornter Baum. Blätter 1- bis 2-fach gefiedert, Blättchen 14–32, lanzettlich, 1–2 cm lang, undeutlich gezähnt. Blüten in 4–5 cm langen, dichten Trauben in den Blattwinkeln. Kronblätter 3–5, grünlich, 2–3 mm lang. Frucht bandförmig, oft schraubig gewunden, 8–40 cm lang, braunrot, vielsamig.

Verbreitung Beheimatet im östlichen Nordamerika.

Standort & Boden Liebt nährstoffarme, durchlässige, schwach saure bis stark alkalische Böden in sonniger, warmer Lage.

Eigenschaften Hitzeverträglich, mäßig frosthart, verträgt starke Trockenheit, stadtklimafest, industriefest, salzverträglich, windempfindlich, kalkverträglich, verträgt Einpflastern. Giftig (Blätter). Schwere Böden machen die Pflanze frostempfindlich und windbruchgefährdet. Bluter, daher Schnittmaßnahmen nicht im Frühjahr durchführen!

Im Garten Zier- und Straßenbaum.

Kulturpflanze Um das Jahr 1700 als Zierbaum in Europa eingeführt, in Mitteleuropa seit 1770 in gärtnerischer Kultur bekannt. Auch in unbewehrten Sorten wie 'Elegantissima', 'Imperial', 'Inermis' 'Moraine' oder 'Skyline' kultiviert.

Vermehrung Aussaat nach vorhergegangener Kälteeinwirkung und Stratifikation.

Weitere Arten:

Chinesisches Gelbholz
(Cladrastis delavayi)

Amerikanischer Geweihbaum
(Gymnocladus dioicus)

Japanischer Schnurbaum
(Styphnolobium japonicum)

Amerikanische Gleditschie, Lederhülsenbaum

Gleditsia triacanthos
(Hülsenfrüchtler)

Winterhärtezone: 6a
Blütezeit: Mai

Foto: *Gleditsia triacanthos* 'Sunburst'

Geeignete Partner Feld-Ahorn *(Acer campestre)*, Südlicher Zürgelbaum *(Celtis australis)*, Chinesisches Gelbholz *(Cladrastisdelavayi)*, Amerikanischer Geweihbaum *(Gymnocladus dioicus)*, Vogel-Kirsche *(Prunus avium)*, Flaum-Eiche *(Quercus pubescens)*, Mehlbeere *(Sorbus aria)*, Elsbeere *(Sorbus torminalis)* als weitere für den Klimawandel geeignete Stadtbäume.

Nutzen
Wildtiere: Wertvolle Futterquelle für Insekten, besonders Bienen nutzen den reichlich dargebotenen Nektar.

Steckbrief 8–20 m hoher, sommergrüner, einhäusiger Baum mit durchgehendem Stamm und tief längsrissiger Borke. Zweige mit unregelmäßigen Korkleisten. Blattspreiten 8–15 cm lang, 5-lappig mit länglich dreieckigen Blattlappen, oberseits glänzend dunkelgrün, fein gesägt. Herbstfärbung leuchtend rot bis dunkelpurpurn. Blüten unscheinbar. Fruchtstände aus stacheligen, 3–3,5 cm dicken Kapselfrüchten.

Verbreitung Beheimatet in Nordamerika von New York bis Nicaragua.

Standort & Boden Liebt frische, mäßig nährstoffreiche, kalkarme, durchlässige Böden und sonnige Standorte.

Eigenschaften Wärmeliebend, benötigt großen Wurzelraum, in kalkreichen Böden chloroseanfällig.

Im Garten Hausbaum, Vorgarten, Park, Straßenbaum.

Kulturpflanze In Europa seit 1681 als Zierbaum bekannt. In zahlreichen Sorten, so 'Aurora' mit gelb panaschiertem Laub, 'Burgundy' mit gleichmäßiger Krone und burgunderroter Herbstfärbung, 'Kia' mit schmalem Wuchs und auffallend mehrfarbigem Herbstlaub, 'Palo Alto' mit orangeroter Herbstfärbung, 'Silver King' mit panaschiertem Laub und rosa getönter Herbstfärbung und 'Variegata' mit gelbgrünem Laub.

Weitere Arten:

Östlicher oder Orientalischer Amberbaum
(Liquidambar orientalis)

Prächtiger Trompetenbaum
(Catalpa speciosa)

Rotblättriger Judasbaum
(Cercis canadensis 'Forest Pansy')

Amerikanischer Amberbaum

Liquidambar styraciflua
(Amberbaumgewächs)

Winterhärtezone: 6a
Blütezeit: April–Mai

Vermehrung Aussaat und Veredelung.

Geeignete Partner Kuchenbaum oder Katsura *(Cercidiphyllum japonicum)*, Ginkgo *(Ginkgo biloba)*, Chinesische Zaubernuss *(Hamamelis mollis)*, Eisenholzbaum *(Parrotia persica)*, Scharlach-Eiche *(Quercus coccinea)*, Fenchelholzbaum oder Sassafras *(Sassafras albidum)*, Gelbhorn(strauch) *(Xanthoceras sorbifolium)*, Pfefferstrauch oder Täuschende Stachelesche *(Zanthoxylum simulans)*.

Nutzen

Arzneipflanze: Das als Storax bezeichnete balsamische Harz wird pharmazeutisch und in der Parfümerie genutzt und war früher Bestandteil von Kaugummi.

Tulpenbaum

Liriodendron tulipifera

(Magnoliengewächs)

Winterhärtezone: 6a
Blütezeit: Mai–Juni

Steckbrief 15–35 m hoher, sommergrüner Baum mit durchgehendem Stamm und breit säulenförmiger Krone. Blattspreiten im Umriss fast viereckig, 8–15 cm lang und breit, Basis abgerundet oder gestutzt, oberseits frischgrün, unterseits bläulich grün, Herbstfärbung leuchtend gelb. Blüten tulpenförmig, Kelchblätter hellgrün, Kronblätter grünlich gelb, an der Basis mit orangefarbenem Band.

Verbreitung Beheimatet im östlichen Nordamerika in den Appalachen und auf den Piedmontflächen von Pennsylvania bis Georgia.

Standort & Boden Liebt frische, nährstoffreiche, tiefgründige Böden und sonnige Standorte.

Eigenschaften Hitzeverträglich, schnittempfindlich. Auf Bodenbearbeitung im Kronenbereich sollte wegen der oberflächennahen, empfindlichen Wurzeln verzichtet werden. Schlechte Wuchsbedingungen können zu Hallimaschbefall führen.

Im Garten Hausbaum, Parkanlagen.

Kulturpflanze 1663 nach England gekommen, in Mitteleuropa seit spätestens 1688 in Gartenkultur. In wenigen Sorten, so 'Aureomarginata' mit gelb panaschierten Blättern und 'Fastigiatum' mit schlankerem Wuchs.

Vermehrung Aussaat und Okulation im Sommer.

Geeignete Partner Rot-Ahorn *(Acer rubrum)*, Blumen-Hartriegel *(Cornus florida)*, Franklinie *(Franklinia alatamaha)*, Siebolds Esche *(Fraxinus sieboldiana)*, Gelbholzbaum oder Asiatisches Gelbholz *(Maackia amurensis)*, Schirm-Magnolie *(Magnolia tripetala)*, Blutpflaume *(Prunus cerasifera* 'Nigra'*)*, Kaukasische Flügelnuss *(Pterocarya fraxinifolia)*, Rot-Eiche *(Quercus rubra)*.

Nutzen

Wildtiere: Die nektarreichen Blüten werden gerne von Insekten besucht.

Tulpenbaum
(Liriodendron tulipifera), Blätter

Tulpenbaum
(Liriodendron tulipifera), Blüte

Tulpenbaum
(Liriodendron tulipifera), Herbstfärbung

Echtes Geißblatt, Jelängerjelieber

Lonicera caprifolium

(Geißblattgewächs)

Winterhärtezone: 5a
Blütezeit: Mai–Juli

Steckbrief Bis 8 m hohe beziehungsweise lange Liane mit gegenständigen, eiförmigen, ganzrandigen Blättern. Oberste Blätter an den Blühtrieben paarweise miteinander verwachsen. Blütenknospen rosa, Blüten zunächst weiß, später gelb, 3–4 cm lang, zu jeweils zwei auf kurzen Stielen, stark duftend. Früchte orange bis rot, jeweils zu zweit am Grund verwachsen.

Verbreitung Beheimatet in großen Teilen Europas, östlich bis Kleinasien.

Standort & Boden Liebt frische, nährstoffreiche, humose, kalkhaltige Böden und sonnige bis halbschattige, windgeschützte Lagen.

Eigenschaften Windempfindlich, wärmeliebend, frosthart, lausanfällig. Giftig.

Im Garten Begrünung von Fassaden, Maschendrahtzaun, Carports und Pergolen, um den Gartensitzplatz, wo abends gerne zusammengesessen wird (wegen des nächtlichen Duftes).

Kulturpflanze Seit alter Zeit in Gartenkultur. In wenigen Sorten, so 'Anna Fletcher' mit gelblichen Blüten und 'Major' mit besonders stark duftenden Blüten.

Vermehrung Am besten durch Ableger. Stecklingsvermehrung von Juni bis August möglich.

Geeignete Partner Buntblättriger Strahlengriffel oder Birmesischer *(Actinidia pilosula)*, Vielblättrige Scheinrebe oder Riesenblättrige Zaunrebe *(Ampelopsis megalophylla)*, Duft- oder Rispenblütige Waldrebe *(Clematis terniflora)*, Kletterschneeball *(Pileostegia viburnoides)*, Rostrote Zier- oder Weinrebe *(Vitis coignetiae)*, Seidenhaar-Glyzinie oder Seiden-Wisterie *(Wisteria brachybotrys)*.

Nutzen

Wildtiere: *Lonicera*-Arten sind Futterpflanzen für die Raupen von besonders schönen und seltenen Schmetterlingen wie Hummelschwärmer, Fliederspanner, Maivogel, Kleinem Eisvogel, Blauschwarzem Eisvogel und Augsburger Bär.
Die Blüten öffnen sich mit Anbruch der Dunkelheit und bleiben infolge ihrer hellen Färbung selbst in der Nacht sichtbar. Sie beginnen abends stark zu duften und stellen sich waagrecht, sodass die vor ihnen im Schwebflug verharrenden Schwärmer den reichlich gebotenen Nektar bequem erreichen können. Als Bestäuber stellen sich vor allem Windenschwärmer, Ligusterschwärmer und Kiefernschwärmer ein. Die Raupen des Geißblattgeistchens *(Alucita hexadactyla)* fressen in den Blüten, richten aber keinen großen Schaden an.
Wertvolles Vogelnährgehölz, so etwa für Amsel, Gimpel, Gartengrasmücke oder Rotkehlchen. Auch Baumschläfer mögen die Früchte, Rötelmäuse die Blätter und Feldhasen die ganzen Triebe.

Weitere Arten:

Oranges Geißblatt
(*Lonicera ×brownii* 'Dropmore Scarlet')

Halbimmergrünes Geißblatt
(*Lonicera* 'Caprilia Ever')

Wald-Geißblatt
(*Lonicera periclymemum* 'Graham Thomas')

Steckbrief Bis 15 m hoher Baum mit eiförmigen, spitz gesägten Blättern und gelber Herbstfärbung. Fruchtstand ähnlich Hopfen.

Verbreitung Südosteuropäische Art von Korsika bis zum Taurus-Gebirge. Nördlich bis in die Südalpen reichend.

Standort & Boden Liebt sandig-lehmige, mäßig trockene, kalkreiche Böden und sonnige, warme, geschützte Lagen.

Eigenschaften Wärmeliebend, stadtklimafest, hitzeresistent, trockenheitsertragend, schwermetalltolerant, steinschlagfest. Hohes Ausschlagsvermögen.

Im Garten Böschungsfestiger, mediterraner Garten, Stadtbaum.

Kulturpflanze Seit spätestens dem Jahr 1724 in gärtnerischer Kultur.

Vermehrung Aussaat nach mehrmonatiger Kaltstratifizierung oder Abtrennen von Stockausschlägen.

Geeignete Partner Silber-Raugras *(Achnatherum calamagrostis)*, Ährige Glockenblume *(Campanula spicata)*, Blumen- oder Manna-Esche *(Fraxinus ornus)*, Kugel-Ginster *(Genista radiata)*, Schwert-Alant *(Inula ensifolia)*, Berg-Laserkraut *(Laserpitium siler)*, Glänzende Mutterwurz *(Ligusticum lucidum)*, Rotblättrige Rose *(Rosa glauca)*.

Weitere Arten:

Echte oder Europäische Hasel
(Corylus avellana),
männliche Blütenkätzchen

Baum- oder Türkische Hasel
(Corylus colurna), Frucht

Lamberts Hasel, Große Hasel oder Lambertsnuss
(Corylus maxima), Frucht

Echte oder Europäische Hopfenbuche

Ostrya carpinifolia
(Birkengewächs)

Winterhärtezone: 6b
Blütezeit: April–Mai

Nutzen
Boden: Pioniergehölz für Felsschutthalden.
Wildtiere: An den Samen picken Kernbeißer und mehrere andere heimische Vogelarten. Vogelnistgehölz.

Steckbrief Bis knapp 2 m hoher, Ausläufer bildender Strauch mit doppelt 3-zähligen Blättern. Blüten im Durchmesser 6–10 cm, nickend, becherförmig, Kronblätter dunkelrot, bei gewissen Varietäten auch gelb, Staubfäden dunkelrot, Staubbeutel gelb.

Verbreitung Endemit Südwestchinas.

Standort & Boden Liebt nährstoffreiche, mineralische, wasser- und luftdurchlässige Böden und sonnige, gegen Wind und Spätfrost geschützte Lagen.

Eigenschaften Strauchpfingstrosen, insbesondere auf *Paeonia lactiflora* veredelte Sorten, sollten tief und schief gesetzt werden (etwa 15 cm tief), damit sich die Sorte selbst bewurzeln kann und später von der Unterlage unabhängig wird. Giftig.

Im Garten Vorgärten, Innenhöfe, Blumeninseln im Rasen.

Kulturpflanze Die Gartenkultur von *P. delavayi* ist in Europa seit 1908 bekannt. In China werden Strauchpfingstrosen bereits seit der Jin-Dynastie (265–420) als Zierpflanzen kultiviert. Später entwickelte sich unter den Reichen eine wahre Päoniensucht. In der Tang-Zeit (618–906) wurde sie zum Symbol für die Blume schlechthin.

Vermehrung Veredelung, Abtrennen von Ausläufern oder Aussaat. Aussaat nach Stratifikation im Frühling. Sämlingsvermehrte Pflanzen robuster als veredelte.

Geeignete Partner Japanischer Blumen-Hartriegel *(Cornus kousa)*, Himalaja-Storchschnabel *(Geranium himalayense)*, Spanisches Hasenglöckchen *(Hyacinthoides hispanica)*, Flügel-Schwertlilie *(Iris planifolia)*, Stern-Magnolie *(Magnolia stellata)*, Duft- oder Süßdolde *(Myrrhis odorata)*, Rosa Weißwurz *(Polygonatum roseum)*, Surenbaum *(Toona sinensis)*, Japanische oder Rauhaarige Krötenlilie *(Tricyrtis hirta)*.

Nutzen

Wildtiere: Pfingstrosen zählen aufgrund ihres reichlichen Pollenangebotes zu den besten Bienenweiden.

Weitere Arten:

Gelbe Strauch-Pfingstrose
(*Paeonia lutea*-Gruppe)

Stauden-Pfingstrose
(*Paeonia lactiflora* 'Dancing Butterfly')

Rock-Strauch-Pfingstrose
(*Paeonia rockii* 'Ofjuinishiki')

Delavays Strauch-Pfingstrose

Paeonia delavayi
(Pfingstrosengewächs)

Winterhärtezone: 6b
Blütezeit: Mai–Juni

Steckbrief Immergrüner, breit aufrechter, 1,5–3 m hoher Strauch mit elliptischen, fein gezähnten, an der Basis keilförmigen, im Austrieb kupferroten Blättern. Blüten weiß, in 10–12 cm breiten Trugdolden. Früchte rot, klein.

Verbreitung Kulturhybride aus den beiden ostasiatischen Arten *Photinia glabra* × *Photinia serratifolia*.

Standort & Boden Mag normale, durchlässige, nicht verdichtete, mehr oder weniger nährstoffreiche, frische Gartenböden und warme, geschützte Standorte.

Eigenschaften Hitzeverträglich, stadtklimafest, schnittverträglich, feuerbrandgefährdet und gefährdet gegenüber dem Dickmaulrüssler.

Im Garten Vorgarten, Hecke.

Kulturpflanze Seit spätestens 1940 in gärtnerischer Kultur. In zahlreichen Sorten, so 'Red Robin' mit einer Wuchshöhe von etwa 4 m, 'Cailvy' mit besonders farbintensivem Laubaustrieb, 'Canivily' mit kompaktem, höchstens 2 m hohem Wuchs, 'Robusta' stark wachsend, gut winterhart, 'Red Select' mit länger anhaltendem rotem Laub und 'Pink Marble' mit dreifärbig rosa-weiß-grünem Laub.

Vermehrung Stecklinge im Sommer.

Geeignete Partner Hookers Berberitze *(Berberis hookeri)*, Baum- oder Buschanemone *(Carpenteria californica)*, Japanischer Spindelstrauch *(Euonymus japonicus)*, Stechpalmenblättrige Rosmarinweide *(Itea ilicifolia)*, Immergrüner oder Japanischer Liguster *(Ligustrum japonicum)*, Japanische Scheinkamelie *(Stewartia pseudocamellia)*.

Nutzen

Wildtiere: Wertvolle Bienenweide, Vögel nutzen die wie Miniaturäpfel aussehenden Früchte als Futter.

Weitere Arten:

Sägeblatt-Glanzmispel
(Photinia serratifolia)

Östlicher Erdbeerbaum
(Arbutus andrachne)

Westlicher Erdbeerbaum
(Arbutus unedo)

Rotlaubige Glanzmispel

Photinia ×fraseri
(Rosengewächs)

Winterhärtezone: 7b
Blütezeit: Mai–Juni

Zwerg-Mandel

Prunus tenella
(Rosengewächs)

Winterhärtezone: 5a
Blütezeit: April–Mai

Steckbrief Bis 1,5 m hoher, Ausläufer bildender Strauch mit lanzettlichen, scharf gesägten, glänzend grünen, im Herbst gelben Blättern. Blüten rosa, Kronblätter 10–15 mm lang. Frucht graugelb, rundlich und zottig-filzig behaart.

Verbreitung Beheimatet vom östlichen Mitteleuropa bis Kasachstan. Westlich bis Ostösterreich und Mähren reichend.

Standort & Boden Für jeden Gartenboden, gerne kalkreiche und vollsonnige Standorte.

Eigenschaften Hitzeverträglich, wärmeliebend, stadtklimaverträglich. Kräftiger Rückschnitt nach der Blüte fördert Blütenbildung für das nächste Jahr.

Im Garten Steppengarten, Pflanzgefäße, Einfassungshecken, Dachgarten, Vorgarten, Steingarten.

Kulturpflanze Seit spätestens 1683 in gärtnerischer Kultur. In mehreren Sorten, so 'Alba' mit weißen Blüten, 'Fire Hill' mit purpurrosa Blüten, 'Kati' mit rosa Blüten und kompaktem Wuchs und 'Speciosa' mit dunkelrosa Blüten.

Vermehrung Abtrennen von Wurzelschösslingen im Frühjahr.

Geeignete Partner Santa-Barbara-Säckelblume *(Ceanothus impressus)*, Schwarzwerdender Geißklee *(Cytisus nigricans)*, Niederer Maiblumenstrauch oder Zierliche Deutzie *(Deutzia gracilis)*, Warzen-Spindelstrauch *(Euonymus verrucosus)*, Graues Sonnenröschen *(Helianthemum canum)*, Felsen-Moltkie *(Moltkia petraea)*, Knollen-Brandkraut *(Phlomis tuberosa)*.

Nutzen

Boden: Schützt und festigt durch die zahlreichen Ausläufer Böschungen und Hänge.

Wildtiere: Gute Bienenweide.

Weitere Arten:

Ringlotte oder Reineclaude
(Prunus domestica subsp. *italica)*

Steinweichsel oder Felsenkirsche
(Prunus mahaleb)

Teppichkirsche oder Niederliegende Kirsch-Mandel
(Prunus prostrata)

Granatapfel

Punica granatum
(Weiderichgewächs)

Winterhärtezone: 9a
Blütezeit: Mai–Juni

Steckbrief Bis 4 m hoher, reich verzweigter, sommergrüner, Wurzelsprosse bildender Strauch oder Baum mit vierkantigen bis schwach geflügelten Zweigen, diese teilweise in Dornen endend. Blätter gegenständig, derb, grün, eiförmig bis lanzettlich, granzrandig. Blüten zu 1–4 an den Zweigenden, 5- bis 9-zählig mit doppelter Blütenhülle, 2–3 cm langen Kronblättern und fleischigem Kelch, Kelch und Krone leuchtend scharlachrot. Frucht apfelförmig mit derber, gelblich roter Schale, zahlreiche, in Fruchtfächern liegende Samen.

Verbreitung Ursprünglich aus Westasien stammende, sehr alte Kulturpflanze, die bereits in den altägyptischen Gärten gehalten wurde. Nach Mitteleuropa dürfte der Granatapfel im Mittelalter gekommen sein, wie ein archäologischer Fund aus dem mittelalterlichen Konstanz zeigt.

Standort & Boden Liebt einen vollsonnigen, warmen, geschützten Standort und durchlässige Böden mit hohem mineralischem Anteil wie Sand. Platz vor einer sonnenbeschienenen Mauer ideal.

Eigenschaften Giftig (bis auf die Früchte).

Im Garten Mediterraner Garten, geschützter Innenhof, Kiesgarten.

Kulturpflanze In mehreren Sorten, so 'Nana' als kleinwüchsige Form, 'Legrellei' mit gefüllten, großen Blüten und weiß berandeten Blütenblättern und 'Nana Racemosa' mit pyramidalem Wuchs.

Granatapfel
(Punica granatum), Blüte

Granatapfel
(Punica granatum), Frucht

Granatapfel
(Punica granatum), aufgeschnittene Frucht

Vermehrung Stecklinge im Frühjahr.

Geeignete Partner Bitterorange *(Citrus trifoliata)*, Japanische Faser-Banane *(Musa basjoo)*, Yunnan-Zwergbanane *(Musella lasiocarpa)*, Blaue Passionsblume *(Passiflora caerulea)*, Mandelbaum *(Prunus dulcis)*, Jujube *(Ziziphus jujuba)*.

Nutzen
Wildobst: Die Früchte werden frisch gegessen oder zu Getränken und Grenadinensirup verarbeitet. Allerdings reichen die mitteleuropäischen Temperaturen für eine entsprechenden Ernte nicht aus.
Arzneipflanze: Wird vielfältig medizinisch genutzt, so zur Senkung von systolischem und diastolischem Blutdruck, bei verengter Halsschlagader und Arthritis. Granatapfel verfügt über besonders viele Polyphenole, die für mehrere positive gesundheitliche Effekte verantwortlich gemacht werden.

Steckbrief Bis 25 m hoher Baum mit ledrigen, unregelmäßig gebuchteten Blättern. Fruchtbecher mit pfriemenförmig zugespitzten und zurückgebogenen Schuppen.

Verbreitung Südosteuropäische Art.

Standort & Boden Liebt trockene bis frische, mittel- bis tiefgründige, durchlässige Lehmböden in sonniger, warmer Lage.

Eigenschaften Frosthart, stadtklimafest, hitze- und trockenheitsverträglich, windverträglich, schwermetalltolerant, hohes Ausschlagsvermögen. Laub bleibt oft bis zum Frühling am Baum.

Im Garten Parkanlagen, Gartenabtrennungen, Sichtschutz, Hausbaum, Steppengarten.

Kulturpflanze Gehölze wie die Eichen, die in ihrer Evolutionsgenetik mehr als eine zeitgeschichtliche Epoche erlebt haben, rücken im Zuge des Klimawandels besonders ins Blickfeld, denn diese Arten haben Anpassungsfähigkeit bewiesen.

Vermehrung Aussaat gleich nach der Ernte im Herbst. Die Eicheln müssen waagrecht ins Erdreich kommen. Stecklingsvermehrung nur im Juni/Juli bei warmen Bodentemperaturen möglich.

Geeignete Partner Pfirsichblättrige Glockenblume *(Campanula persicifolia)*, Kartäuser-Nelke *(Dianthus carthusianorum)*, Dalmatinischer Storchschnabel *(Geranium dalmaticum)*, Punktierter Gilbweiderich *(Lysimachia punctata)*, Essig-Rose *(Rosa gallica)*, Straußmargerite *(Tanacetum corymbosum)*, Wolliger Schneeball *(Viburnum lantana)*, Duft- oder März-Veilchen *(Viola odorata)*.

Nutzen

Biologischer Pflanzenschutz: Verdünnte Eichenblatt-Jauche findet zur Vorbeugung von fressenden und saugenden Schadinsekten und zur Vertreibung von Ameisen Einsatz. Eichenrinden-Brühe hilft unverdünnt gegen pilzliche Schaderreger.
Wildgemüse: Die reifen, geschälten Eicheln können im Herbst geröstet zu (wenig erfreulichem) Kaffee verarbeitet werden.
Arzneipflanze: Im Vordergrund steht die adstringierende, austrocknende, den Heilungsprozess beschleunigende, blut- und juckreizstillende und auch antiseptische Wirkung der Gerbstoffe. Abkochungen der Eichenrinde verwendet man hauptsächlich äußerlich zu Bädern oder Umschlägen bei entzündlichen Hauterkrankungen.
Wildtiere: Eichenschrecke, Grüner Prachtkäfer, Eichenwidderbock, Roter Scheibenbock, Schrotbock, Eichenholzwespe, Hirschkäfer, Scheckiger Pochkäfer, Eichenweichkäfer, Blattschneiderbienen, Feldmaikäfer, Walker, Gartenlaubkäfer, Grüner Eichenwickler, Mondvogel, Eichenkarmin und Roter Eichenkugelrüssler sind nur einige von vielen Insekten, die Eichen als Lebensraum nutzen. Schätzungen zeigen, dass rund 500 pflanzenfressende Insektenarten auf Eichen leben, viele davon sind darauf angewiesen. Namengebend für den Eichelhäher, der bis zu zwölf Eicheln in seinem dehnbaren Kehlsack transportieren kann. Durch ihre allherbstliche Sammelaktion tragen Häher wesentlich zur Verbreitung von Eichen bei.

Weitere Arten:

Trauben-Eiche
(Quercus petraea)

Flaum-Eiche
(Quercus pubescens)

Stiel-Eiche
(Quercus robur)

Zerr-Eiche

Quercus cerris
(Buchengewächs)

Winterhärtezone: 6a
Blütezeit: Mai

Kalifornischer Baummohn

Romneya coulteri
(Mohngewächs)

Winterhärtezone: 8a
Blütezeit: Juni–Juli

Steckbrief Bis 100 cm hoher, sommergrüner, Ausläufer bildender Halbstrauch mit blaugrünen, fingerförmig gelappten Blättern. Blüten groß, schalenförmig, Kronblätter weiß, Blütenmitte gelb.

Verbreitung Kalifornien und Nordwestmexiko.

Standort & Boden Liebt tiefgründige, durchlässige Böden und vollsonnige, geschützte Standorte.

Eigenschaften Hitze- und trockenheitsverträglich. Empfindlich gegen Verpflanzen.

Im Garten Südhänge, am Fuß einer Trockenmauer, vor einer Südwand, Vorgärten.

Kulturpflanze Seit spätestens 1875 in gärtnerischer Kultur.

Vermehrung Wurzelschnittlinge. Aussaat langwierig, Samen nur kurz keimfähig.

Weitere Arten:

Weißer Federmohn
(Macleaya cordata)

Kambrischer Scheinmohn oder Wald-Mohn
(Meconopsis cambrica)

Amerikanischer Schöllkrautmohn
(Stylophorum diphyllum)

Geeignete Partner Französische Hybrid-Säckelblume *(Ceanothus ×delilianus)*, Pinke Zistrose *(Cistus ×pulverulentus)*, Schwarzwerdender Geißklee *(Cytisus nigricans)*, Salzstrauch *(Halimodendron halodendron)*, Himalaja-Indigostrauch *(Indigofera heterantha)*, Strauch-Pfingstrose *(Paeonia suffruticosa)*, Zwerg-Mandel *(Prunus tenella)*, Zwerg- oder Meyers Flieder *(Syringa meyeri)*.

Nutzen

Wildtiere: Gute Insektenweide mit reichlicher Pollenproduktion.

Rotblättrige Rose

Rosa glauca
(Rosengewächs)

Winterhärtezone: 5
Blütezeit: Juni–Juli

Steckbrief 1–3 m hoher und breiter Strauch mit tief reichender Hauptwurzel und weit streichenden Seitenwurzeln. Blätter bläulich grün, bereift, purpurn überlaufen. Blüten purpurrosa, zur Mitte hin weiß. Hagebutten kugelförmig, orangerot.

Verbreitung Südeuropäisch-montane Art, von den Pyrenäen bis zu den Gebirgen der Balkanhalbinsel.

Standort & Boden Anspruchslos, in allen durchlässigen, trockenen bis mäßig frischen Böden in sonniger bis absonniger Lage.

Eigenschaften Frosthart, hitzefest, stadtklimafest, hohes Ausschlagsvermögen, windhart, das ganze Jahr über adrett, hohe Regenerationsfähigkeit gegenüber Krankheiten wie Mehltau und Sternrußtau.

Im Garten Vogelschutzhecke, Solitärstrauch, Lesesteinhaufen, große Steingärten.

Kulturpflanze Zumeist in der ohnehin sehr hübschen Wildform in Kultur. Wildrosen allgemein haben einen wild-romantischen Charme. Sie sind für die Gärten der Zukunft besser geeignet als dauerblühende Hochleistungsrosen. Sie überzeugen nicht durch übertriebene Opulenz, sondern ihre natürliche Schönheit. Wildrosen beschränken sich naturgemäß auf ein Mindestmaß an Drama, sind dafür aber in der Lage, auch in unwirtlicheren Lagen zu gedeihen.

Vermehrung Am besten Absenker im Frühling oder Stecklinge im Juni/Juli.

Geeignete Partner Echte Felsenbirne *(Amelanchier ovalis)*, Echte Berberitze *(Berberis vulgaris)*, Aufrechte Waldrebe *(Clematis recta)*, Echte Steinmispel oder Gewöhnliche Zwergmispel *(Cotoneaster integerrimus)*, Wiesen-Storchschnabel *(Geranium pratense)*, Sanddorn *(Hippophae rhamnoides)*, Echter Liguster *(Ligustrum vulgare)*, Wein-Rose *(Rosa rubiginosa)*, Apfel-Rose *(Rosa villosa)*.

Nutzen

Wildobst, Wildgemüse: Die Blütenblätter der Wildrose schmecken mild säuerlich. Sie können als Tellerdekoration Verwendung finden oder in den Teig süßer Pfannkuchen eingearbeitet werden. Aus den Hagebutten lässt sich Marmelade, Tee, Hagebuttenwein oder mit Oregano gewürzt eine Art pikante Sauce herstellen.

Arzneipflanze: Das aus den Samen der Wildrosen hergestellte Hagebuttenöl wird vor allem zur Behandlung von trockener, schuppiger und rissiger Haut eingesetzt, ferner bei Ekzemen, Psoriasis und pigmentstarker Haut sowie nach Verbrennungen und Hautverletzungen. Dabei wird vor allem die elastizierende und färbende Wirkung des Öls genutzt.

Wildtiere: Vogelnährgehölz, Insektenweide, Rückzugsraum für Vögel und Kleinsäuger. 27 Vogelarten und 19 Säugetierarten sind bisher bekannt, welche Wildrosenfrüchte nutzen, darunter Buntspecht und Haselmaus.

103 Insektenarten sind auf die heimischen Wildrosen angewiesen, davon 23 Schmetterlingsarten. Raupenfutterpflanzen unter anderem für Marmoriertes Gebüscheulchen *(Elaphria venustula)*, Pfeileule *(Acronicta psi)* und Brombeerspinner *(Macrothylacia rubi)*. Glanz-, Blatt-, Blüten-, Warzen-, Rosen-, Juni-, Stachel-, Bockkäfer und andere werden vom Wildrosen-Pollen angelockt.

Weitere Arten:

Gelbe Rose
(Rosa foetida)

Essig-Rose
(Rosa gallica)

Stacheldraht-Rose
(Rosa omeiensis fo. *pteracantha)*

Mehl-beere

Sorbus aria
(Rosengewächs)

Winterhärtezone: 5a
Blütezeit: Mai–Juni

Steckbrief 3–12 m hoher Baum. Blätter elliptisch bis eirund, unregelmäßig gesägt, weißfilzig, oberseits verkahlend. Blüten in Doldenrispen, weiß. Früchte rot, mehlig.

Verbreitung Europäisch-montane Art von Spanien und Irland bis zur Balkanhalbinsel und in die Westkarpaten.

Standort & Boden Liebt trockene, flachgründige, kalkreiche Stein- oder Lehmböden und warme, sonnige bis höchstens halbschattige Standorte.

Eigenschaften Frosthart, wärmeliebend, stadtklimafest, industriefest, windresistent, gut schnittverträglich, langsamwüchsig, hohes Ausschlagsvermögen, hitze- und trockenheitsverträglich, salzlufttolerant, schwermetalltolerant.

Im Garten Hausbaum, große Steppengärten, Wildobsthecken und -gärten.

Kulturpflanze In einigen Sorten, so 'Lutescens' mit runder, kompakter Krone, 'Magnifica' mit anfänglich schmal kegelförmigem Wuchs und 'Majestica' mit dichter, pyramidenförmiger Krone.

Vermehrung Aussaat. Man erntet die Früchte im September/Oktober, lässt sie anrotten, wäscht die Samen aus und sät gleich direkt ins Freie aus.

Weitere Arten:

Eberesche oder Vogelbeere
(Sorbus aucuparia)

Speierling
(Sorbus domestica)

Elsbeere
(Sorbus torminalis)

Geeignete Partner Pfirsichblättrige Glockenblume *(Campanula persicifolia)*, Warzen-Spindelstrauch *(Euonymus verrucosus)*, Trauben-Eiche *(Quercus petraea)*, Speierling *(Sorbus domestica)*, Elsbeere *(Sorbus torminalis)*, Straußmargerite *(Tanacetum corymbosum)*, Schwalbenwurz *(Vincetoxicum hirundinaria)*.

Nutzen

Boden: Pioniergehölz mit gut abbaubarem Laub, das zum Vorbereiten von Waldstandorten dient.

Wildobst: Die Früchte werden nach dem ersten Frost geerntet. Sie schmecken nach Marzipan und können zu Mus, Marmelade oder Chutney verarbeitet werden.

Wildtiere: Dutzende Vogelarten, aber auch Füchse, Siebenschläfer und Mäuse mögen die Früchte. Raupenfutterpflanze unter anderem für Alpen-Haarspinner *(Trichiura ariae)* und Alpen-Wollafter *(Eriogaster arbusculae)*.

Steckbrief Bis 2,5 m hoher, sparrig verzweigter Strauch mit rutenförmigen Ästen, an denen sich wenige hinfällige, ungeteilte, lineal-lanzettliche Blätter befinden. Blüten in endständigen Trauben, meist einzeln, goldgelb, 2–2,5 cm lang und duftend.

Verbreitung Mittelmeergebiet.

Standort & Boden Liebt durchlässige, trockene, sandreiche Böden und vollsonnige, geschützte Standorte.

Eigenschaften Verliert seine Blätter bereits im Frühsommer, um sich vor großer Hitze zu schützen. Die Photosynthese wird dann über die grünen Zweige fortgesetzt. Giftig. Art im Weinbauklima winterhart – getestet in der Gartenbauschule Wien-Schönbrunn. Zurückgefrorene Pflanzen regenerieren sich in der Regel wieder.

Im Garten Mediterraner Garten, Steppengarten.

Kulturpflanze Seit spätestens dem 16. Jh. in Mitteleuropa als Zierpflanze in Kultur.

Vermehrung Abtrennen von bewurzelten Seitentrieben, Aussaat gleich nach der Ernte oder Stecklinge im Spätsommer. Bei Stecklingsvermehrung ist mit großen Ausfällen zu rechnen.

Geeignete Partner Pinke Zistrose *(Cistus ×pulverulentus)*, Feige *(Ficus carica)*, Kronen-Süßklee *(Hedysarum coronarium)*, Echte oder Baumförmige

Binsenginster

Spartium junceum
(Hülsenfrüchtler)

Winterhärtezone: 7b
Blütezeit: Mai–Juli

Weitere Arten:

Strauch(kron)wicke
(Hippocrepis emerus)

Echter Goldregen
(Laburnum anagyroides)

Petterie
(Petteria ramentacea)

Strauchpappel *(Lavatera arborea)*, Etruskisches Geißblatt *(Lonicera etrusca)*, Olive *(Olea europaea)*, Pinie *(Pinus pinea)*, Stein-Eiche *(Quercus ilex)*, Immergrüner Kreuzdorn *(Rhamnus alaternus)*.

Nutzen

Arzneipflanze: In der Aromatherapie unter anderem bei chronischen Schmerzen eingesetzt. Die Pflanze ist giftig, besonders die Samen.
Sonstiges: Die Ruten können zum Flechten von Körben genutzt werden.
Wildtiere: Wertvolle Futterpflanze für Großbienen wie Hummeln und Holzbienen.

Steckbrief 2–5 m hoher Strauch mit gegenständigen, unpaarig gefiederten Blättern. Blüten in vielblütigen Rispen, zart nach Kokos riechend, Kronblätter gelblich weiß, außen etwas rötlich. Frucht aufgeblasene, grünliche Kapsel mit 1–3 kugeligen, gelbbraunen Samen.

Verbreitung Südeuropäisch-südwestasiatische Art, nördlich bis in die Oberrheinebene, östlich bis zum Schwarzen Meer.

Standort & Boden Liebt kalkreiche Böden und geschützte Standorte in sonniger bis halbschattiger Lage.

Eigenschaften Wärmeliebend, hitzeverträglich, industriefest, frosthart.

Im Garten Wildobsthecke, Vogelhecke, Saumgesellschaften, Solitärgehölz, Duftgarten, für Kindergarten- oder Schulgrünflächen.

Vermehrung Aussaat nach Kältebehandlung. Saatgut geht unregelmäßig auf, Wachstum in den ersten drei Jahren stockend, dann aber umso üppiger.

Geeignete Partner Breitblättrige Glockenblume *(Campanula latifolia)*, Maiglöckchen *(Convallaria majalis)*, Lorbeer-Seidelbast *(Daphne laureola)*, Warzen-Spindelstrauch *(Euonymus verrucosus)*, Bunte Wolfsmilch *(Euphorbia polychroma)*, Echter Liguster *(Ligustrum vulgare)*, Breitblättrige Weißwurz *(Polygonatum latifolium)*, Wolliger Schneeball *(Viburnum lantana)*.

Nutzen

Wildobst: Die Nüsschen können mit einem Hammer geknackt und anschließend in einer Pfanne geröstet und als Knabberei genossen werden. Die essbaren Blüten können kandiert als Nascherei serviert werden oder dienen als Zierde für den Tellerrand. Aus den Früchten wird ein Likör hergestellt.

Wildtiere: Gute Bienenweide. Vögel und Säugetiere nutzen die Früchte beziehungsweise Triebe, so etwa Kernbeißer, Fasan und Feldhase.

Weitere Arten:

Carolina-Schneeglöckchenbaum
(Halesia carolina)

Borstiger Flügelstorax
(Pterostyrax hispida)

Japanische Scheinkamelie
(Stewartia pseudocamellia)

Pimpernuss

Staphylea pinnata
(Pimpernussgewächs)

Winterhärtezone: 5b
Blütezeit: Mai

Steckbrief Bis 4 m hoher, breitbuschiger, locker aufgebauter Strauch oder Kleinbaum mit bogenförmig überneigenden Zweigen. Blätter 2–3,5 mm lang, schmal pfriemenförmig, hellgrün, mit trockenhäutiger Spitze. Blüten rosa, 4-zählig, in 2–4 cm langen, schmalen Trauben, seitlich an den vorjährigen Zweigen.

Verbreitung Östliches Mittelmeergebiet.

Standort & Boden Für trockene bis frische, mäßig nährstoffreiche, neutrale bis stark alkalische Böden und sonnige Standorte.

Eigenschaften Windfest, trockenheits- und hitzeresistent, frosthart, salzverträglich, stadtklimafest, überflutungstolerant.

Im Garten Mediterraner Garten, Blütenhecken.

Kulturpflanze In Europa seit spätestens 1853 in gärtnerischer Kultur.

Vermehrung Stecklinge im August/September.

Geeignete Partner Siebolds Fingeraralie *(Eleutherococcus sieboldianus)*, Weißgrauer Bleibusch *(Amorpha canescens)*, Gewöhnlicher Erbsenstrauch *(Caragana arborescens)*, Echter Judasbaum *(Cercis siliquastrum)*, Kugel-Ginster *(Genista radiata)*, Blasenesche *(Koelreuteria paniculata)*, Delavays Strauch-Pfingstrose *(Paeonia delavayi)*, Kolchische Pimpernuss *(Staphylea colchica)*.

Nutzen
Wildtiere: Gute Bienenweide mit Nektar- und Pollenangebot.

Weitere Arten:

Französische Tamariske
(Tamarix gallica)

Sommer-Tamariske
(Tamarix ramosissima)

Viermännige Tamariske
(Tamarix tetrandra)

Kleinblütige oder Frühlings-Tamariske

Tamarix parviflora

(Tamariskengewächs)

Winterhärtezone: 6b
Blütezeit: April–Mai

Surenbaum

Toona sinensis
(Mahagoni- oder
Zederachgewächs)

Winterhärtezone: 6b
Blütezeit: Mai–Juni

Steckbrief 12–15 m hoher, sommergrüner Baum mit im Alter breiter, lockerer Krone. Blätter 25–60 cm lang, gefiedert, mit 10–26 Blättchen. Blüten weiß bis grünlich weiß, duftend, in 30–40 cm langen, kegelförmigen, hängenden Rispen.

Verbreitung Beheimatet in Südostasien.

Standort & Boden Für normale Gartenböden mit guter Durchlässigkeit und geschütztem Standort in sonniger bis halbschattiger Lage.

Eigenschaften Hitzeverträglich, stadtklimafest, in der Jugend frostgefährdet. Ernte ab dem 3. Standjahr.

Im Garten Solitärbaum, Vorgarten, Gemüsegarten-Hintergrund.

Kulturpflanze Kultiviert wird meist die Sorte 'Flamingo', deren Blätter im Austrieb rosa, später cremefarben und zuletzt grün sind.

Vermehrung Stecklinge, Abtrennen von Schösslingen und Aussaat. Samen sollten vorgequollen und stratifiziert werden, um die Keimung zu beschleunigen.

Geeignete Partner Echte Kammminze *(Elsholtzia ciliata)*, Chinesische Kammminze *(Elsholtzia stauntonii)*, Wasabi *(Eutrema japonicum)*, Italienische Strohblume oder Currykraut *(Helichrysum italicum)*, Pimpinell- oder Bibernell-Wasserfenchel *(Oenanthe pimpinelloides)*, Grünes oder Oliven-Heiligenkraut *(Santolina viridis)*, Knollen-Ziest *(Stachys affinis)*, Japanischer Ingwer *(Zingiber mioga)*.

Nutzen

Wildgemüse: Die jungen Triebe und Blätter werden roh als Salat oder gebraten beziehungsweise gedünstet als Gemüse gegessen. Die jungen Triebe haben einen zwiebel- bis suppenwürzeähnlichen Geschmack.

Arzneipflanze: Die Triebspitzen werden als blut- und schmerzstillendes Mittel eingesetzt.

Weitere Arten:

Kleeulme oder Lederstrauch
(Ptelea trifoliata)

Obassia-Storaxbaum
(Styrax obassia)

Bienenbaum oder Samthaarige Stinkesche
(Tetradium danielli)

Wolliger Schneeball

Viburnum lantana
(Schneeballgewächs)

Winterhärtezone: 4
Blütezeit: Mai–Juni

Steckbrief Bis 4 m hoher Strauch mit eiförmigen, besonders unterseits dicht sternfilzigen Blättern. Blüten cremeweiß, dicht in einer gewölbten Scheindolde stehend. Früchte rot, später schwarz.

Verbreitung Europäische Art von Spanien und England bis zur Ukraine und zum Kaukasus.

Standort & Boden Mag steinige, mäßig trockene, kalkreiche, mäßig nährstoffreiche Böden und sonnige bis halbschattige Lagen.

Eigenschaften Frosthart, wärmeliebend, Hitze und sommerliche Trockenheit gut vertragend, bodensalzverträglich, wind-, industrie- und stadtklimafest, hohes Ausschlagsvermögen, gut schnittverträglich. Giftig.

Im Garten Steppengarten, Blütensträucherhecke, Wildvogelhecke.

Kulturpflanze In wenigen Sorten, so 'Variegatum' mit gelb gefleckten Blättern, 'Mohican' mit orangeroter Laub-Herbstfärbung und 'Aureum' mit gelbem Austrieb.

Vermehrung Absenker im Frühling oder Abtrennen wild gebildeter Wurzelschösslinge. Bei Aussaat sollten die Samen noch vor Vollreife geerntet, angerottet, ausgewaschen und gleich danach ins Freie gesät werden.

Weitere Arten:

Echter Schneeball
(Viburnum opulus)

Japanischer Schneeball
(Viburnum plicatum)

Lorbeer-Schneeball
(Viburnum tinus)

Geeignete Partner Echte Felsenbirne *(Amelanchier ovalis)*, Echte Berberitze *(Berberis vulgaris)*, Kornelkirsche *(Cornus mas)*, Echter Spindelstrauch oder Europäisches Pfaffenhütchen *(Euonymus europaeus)*, Faulbaum *(Frangula alnus)*, Echter Liguster *(Ligustrum vulgare)*, Steinweichsel oder Felsenkirsche *(Prunus mahaleb)*, Purgier-Kreuzdorn *(Rhamnus cathartica)*, Echte Eibe *(Taxus baccata)*.

Nutzen

Boden: Wegen seiner Verschüttungsresistenz wertvoll zur Böschungsfestigung.

Wildtiere: Raupenfutterpflanze unter anderem für den Grünen Zipfelfalter *(Callophrys rubi)*, das Kleine Nachtpfauenauge *(Saturnia pavonia)* und den Großen Schlehenspanner *(Angerona prunaria)*. Der Schneeballblattkäfer *(Pyrrhalta viburni)* aus der Familie der Blattkäfer ist auf die Gattung *Viburnum* spezialisiert.

Wertvolles Vogelnährgehölz, beispielsweise für den Seidenschwanz.

Steckbrief Bis etwa 6 (30) m hohe Liane mit verzweigtem Spross und rundlichen, meist 3- bis 5-lappigen, stumpfzähnigen Blättern. Blüten unscheinbar, die Kronblätter fallen während der Blütezeit geschlossen ab. Beeren kugelig bis länglich oval, grünlich oder gelblich bis rötlich blauviolett.

Verbreitung Südosteuropäisch-südwestasiatische Art, nördlich bis ins Oberrheintal und in die niederösterreichischen Donau-Auen. Die Wilde Weinrebe, *Vitis vinifera* subsp. *sylvestris*, ist ausgesprochen formenreich. Ein großer Teil der älteren Weinsorten wie Riesling, Traminer oder Sylvaner sind von Spielformen der Wildrebe nicht zu unterscheiden und stammen wahrscheinlich von der heimischen Wildrebe ab.

Standort & Boden Mag frische, nährstoffreiche, gerne kalkreiche Böden und sonnige bis halbschattige Lagen.

Eigenschaften Hohes Ausschlagvermögen, stadtklimafest, industriefest.

Im Garten Zum Begrünen von Pergolen und Rankgerüsten, Obstgarten.

Vermehrung Am einfachsten durch Absenker. Dazu biegt man kräftige, einjährige, bodennahe Triebe im Frühjahr in eine geschaffene Erdspalte. Schon im Herbst desselben Jahres kann der Absenker von der Mutterpflanze getrennt werden.

Geeignete Partner Zwerg-Kiwi oder Scharfzähniger Strahlengriffel *(Actinidia arguta)*, Großsamige Kiwi oder Großsamiger Strahlengriffel *(Actinidia macrosperma)*, Fingerblättrige Akebie *(Akebia quinata)*, Amerikanische Erdbirne *(Apios americana)*, Gojibeere oder Gewöhnlicher Bocksdorn *(Lycium barbarum)*, Bananen-Passionsblume *(Passiflora mollissima)*, Chilenische Guave *(Ugni molinae)*, Erdbeer- oder Fuchs-Weinrebe *(Vitis labrusca)*, Ufer-Weinrebe *(Vitis riparia)*.

Nutzen

Obst, Wildgemüse: Die jungen Blätter können als Mantel für Gemüserouladen genutzt werden, die Blüten als Aroma für Kaltschalen oder Bowlen. Die allgemein bekannten Früchte sind vielfältig in der Küche einsetzbar.

Arzneipflanze: Blattextrakten werden entzündungshemmende und venentonisierende Eigenschaften zugesagt und in Präparaten zur Vorbeugung und Behandlung chronischer Venenschwäche eingesetzt. Die Kerne der ausgepressten Trauben dienen der Gewinnung von Traubenkernöl mit hautpflegenden Eigenschaften und zur Isolierung von Stoffen, die man bei Venenerkrankungen und postoperativ zur Verhinderung von Ödemen einsetzt.

Weitere Arten:

Erdbeer- oder Fuchs-Weinrebe
(Vitis labrusca)

Ufer-Weinrebe
(Vitis riparia)

Echte Weinrebe
(Vitis vinifera cvar.*)*, Herbstfärbung

Weinrebe

Vitis vinifera
(Weinrebengewächs)

Winterhärtezone: 7a
Blütezeit: Mai–Juni

Jujube

Ziziphus jujuba
(Kreuzdorngewächs)

Winterhärtezone: 7b
Blütezeit: Juni

Steckbrief Bis 5 m hoher, strauchartiger, knorriger, oft bedornter Baum mit hin- und hergebogenen Zweigen. Blätter eiförmig, glänzend hellgrün. Blüten gelbgrün, klein, blattachselständig. Früchte eiförmig, 2–3 cm lang, reif rotbraun, mit hervorragendem Geschmack.

Verbreitung Beheimatet in Nord- und Nordostchina. Gegenwärtig in großen Teilen der Erde als Obstpflanzen in Kultur.

Standort & Boden Liebt normale Gartenböden, einen sonnigen Standort und benötigt ausgesprochen wintermilde Lagen.

Eigenschaften Selbstfruchtbar, benötigt keinen Befruchter. Art im Weinbauklima winterhart – getestet in der Gartenbauschule Wien-Schönbrunn.

Im Garten Obstgarten, mediterraner Garten.

Kulturpflanze In Europa seit spätestens 1640 in Kultur. In zahlreichen Sorten, so 'Lang', 'Guiggiolo', 'Dabaizao' und 'Li'.

Vermehrung Sämlingsvermehrte Pflanzen tragen nach etwa 4 Jahren das erste Mal. Zur Keimförderung sollten die Samen 2 Monate lang stratifiziert werden, dürfen dabei aber keinen Minustemperaturen ausgesetzt sein. Vermehrung auch über Wurzelausläufer und Wurzelschnittlinge.

Geeignete Partner Seidenraupenbaum (*Cudrania tricuspidata*, Syn. *Maclura tricuspidata*), Blauschotenstrauch oder Blaugurke (*Decaisnea fargesii*), Dattel- oder Kakipflaume (*Diospyrus kaki*), Vielblütige Ölweide (*Elaeagnus multiflora*), Feige (*Ficus carica*), Rosinenbaum (*Hovenia dulcis*), Schwarze Maulbeere (*Morus nigra*), Bitterorange (*Citrus trifoliata*, Syn. *Poncirus trifoliata*).

Nutzen

Obst: Die braungrünen Früchte schmecken wie süßer Apfel, vereint mit dem Geschmack von Datteln und Bananen. An wertvollen Inhaltsstoffen sind vor allem Calcium, Eisen, Kalium und Phosphor zu nennen. Die Chinesischen Datteln, wie die Jujube-Früchte auch genannt werden, können roh oder verarbeitet zu Marmelade, Trockenfrüchten oder kandiert gegessen werden.
Wildtiere: Gute Insektenweide.

Weitere Arten:

Großblütige Felsenbirne
(Amelachier ×grandiflora)

Japanische Wollmispel
(Eriobotrya japonica)

Braundorniger Feigenkaktus
(Opuntia phaeacantha)

Bezugsquellen für seltener gehandelte Pflanzen (Auswahl)

Deutschland

Aromagärtnerei Deaflora, Dr.-Wolff-Str. 6, 14542 Werder/Havel OT Glindow, www.deaflora.de

Baumschule Horstmann, Schäferkoppel 3, 25560 Schenefeld (Mittelholstein), www.baumschule-horstmann.de

Bingenheimer Saatgut, Kronstr. 24, 61209 Echzell-Bingenheim, www.bingenheimersaatgut.de (Saatgut, Zwiebeln)

Bioland-Gärtnerei Strickler, Lochgasse 1, 55232 Alzey, www.gaertnerei-strickler.de (Stauden, alte Gemüsesorten)

bio-saatgut Gaby Krautkrämer, Weingartenstr. 58, 97252 Frickenhausen am Main, www.bio-saatgut.de (breites Angebot an biologischem Saatgut)

Blauetikett-Bornträger, In den Aspen 1, 67591 Offstein, www.blauetikett.de (Saatgut, Stauden, Sträucher, Obstsorten)

Blumenschule, Augsburger Str. 62, 86956 Schongau, www.blumenschule.de (Saatgut, Stauden)

Dreschflegel Bio-Saatgut, In der Aue 31, 37213 Witzenhausen, www.dreschflegel-saatgut.de (breites Angebot an biologischem Saatgut)

grünerTiger, Fallerstr. 18, 82433 Bad Kohlgrub, www.gruenertiger.de (breites Angebot an Gemüsesorten, Blumenzwiebeln)

Hof Berg-Garten, Lindenweg 17, 79737 Herrischried, www.hof-berggarten.de (Samen, Zwiebeln, Kräuter, Wildstauden)

Kräuterei, Alexanderstr. 29, 26121 Oldenburg, www.kraeuterei-oldenburg.de (Stauden)

natura-samen, Pollweinstr. 15, 97688 Bad Kissingen, www.natura-samen.de (Samen und Samenmischungen ausschließlich heimischer Pflanzenarten)

Rieger-Hofmann GmbH, In den Wildblumen 7–13, 74572 Blaufelden-Raboldshausen, www.rieger-hofmann.de (Samen und Samenmischungen ausschließlich heimischer Pflanzen)

Samenfest, Erica-Sinauer-Str. 10, 79111 Freiburg, www.samenfest.de (biologisches Saatgut aus der Region Breisgau)

Sperli GmbH, Freckenhorster Str. 32, 48351 Everswinkel, www.sperli.de (Saatgut)

Staudengärtnerei Gaißmayer Jungviehweide 3, 89257 Illertissen, www.gaissmayer.de (breites Angebot an Stauden)

Syringa Kräutergärtnerei, Untere Gräben 1, 78247 Hilzingen, www.syringa-pflanzen.de (breites Angebot an Saatgut)

Österreich

Der Staudengärtner, Gärtnerei & Baumschule Evi Schmidt, Kiesweg, 6842 Koblach, www.der-staudengaertner.at (Wildstauden und Saatgut)

ReinSaat, 3572 St. Leonhard am Hornerwald 69, www.reinsaat.at (Wildblumensaatgut, Gemüsesamen, Blumenzwiebeln)

Sarastro Stauden, Kammer 42, 4981 Reichersberg, www.sarastro-stauden.com

Voitsauer Wildblumensamen, Voitsau 8, 3623 Kottes-Purk, www.wildblumensaatgut.at (Samen heimischer Wildpflanzen)

Wildpflanzen-Gärtnerei Rössler, Unterstetten 29, Tollet, 4715 Taufkirchen/Trattnach, www.wildrosen.at (Wildstauden und Wildgehölze)

Schweiz

BioTerra, Scheideggstrasse 73, 8038 Zürich, www.bioterra.ch (Pflanzen und Samen)

Botanik Sämereien, Seestrasse 151, 8820 Wädenswil, www.saemereien.ch (breites Angebot an Samen)

Rusterholz Baumschulen AG, Alte Landstrasse 78, 8942 Oberrieden, www.pflanzenverkauf.ch (heimische Gehölze)

Sativa Rheinau AG, Chorbstrasse 43, 8462 Rheinau, www.sativa-rheinau.ch (breites Angebot an biologischem Saat- und Pflanzgut)

Zollinger Bio, Route de la Praille 20, 1897 Les Evouettes, www.zollinger-samen.ch (breites Angebot an biologischem Saatgut)

Literatur

Bärtels A. & Schmidt P. A.: *Enzyklopädie der Gartengehölze.* Ulmer, Stuttgart, 2014

Bross-Burkhardt B.: *Lob des Unkrauts – Wilde Pflanzen in Garten und Stadt.* Haupt, Bern, 2015

Ehrhardt W. & al.: *Zander – Handwörterbuch der Pflanzennamen.* Ulmer, Stuttgart, 2008

Fleischhauer S. G.: *Enzyklopädie essbaren Wildpflanzen.* AT, Aarau, 2016

Gamerith W.: *Tiere im naturnahen Garten.* Österr. Agrarverlag, Wien, 2006

Griebl N.: *Naturnah gärtnern – Die 140 wertvollsten Pflanzen für den Naturgarten.* Haupt, Bern, 2015

Haberer M.: *Taschenatlas Beet- und Balkonpflanzen.* Ulmer, Stuttgart, 2002

Heil A.: *Der Paradiesgarten – essbare Stauden selbst angepflanzt.* Ökobuch, Staufen bei Freiburg, 2011

Heistinger, A.: *Das große Biogarten-Buch.* Löwenzahn, Innsbruck, 2013

Hess T.: *Nur die Harten bleiben im Garten! Starke Pflanzen für extremes Wetter.* Kosmos, Stuttgart, 2019

Hintermeier H. & M.: *Blütenpflanzen und ihre Gäste. 3 Teile.* Obst- und Gartenbauverlag, München, Teil 1: 2002; Teil 2: 2009; Teil 3: 2012

Hintermeier H. & M.: *Schmetterlinge im Garten und in der Landschaft.* Obst- und Gartenbauverlag, München, 2005

Hudak R. & Harazim H.: *Gartenschätze – Küchengarten für Selbstversorger.* Gräfe und Unzer, München, 2012

Jelitto L. & al.: Die Freiland-Schmuckstauden – Handbuch und Lexikon der winterharten Gartenstauden, Ulmer, Stuttgart, 1990

Kawollek W. & M.: *Alles über Pflanzenvermehrung – Methoden, Praxis, Handgriffe.* Ulmer, Stuttgart, 2008

Kienegger M.: *Nützlinge im naturnahen Garten.* Österr. Agrarverlag, Wien, 2007

Klock M. & P.: *Trendpflanzen – Stevia, Goji & Indianerbanane.* AVBuch im Cadmos-Verlag, Schwarzenbek, 2011

Koechlin F.: *Zellgeflüster – Streifzüge durch wissenschaftliches Neuland.* Lenos, Basel, 2010

Kopp U.: *Die schönsten Pflanzen, die wenig Wasser brauchen für Garten, Balkon und Terrasse.* München, Bassermann, 2020

Kremer B. P.: *Mein Garten – ein Bienenparadies. Die 200 besten Bienenpflanzen.* Haupt, Bern, 2014

Lieberei R. & Reisdorff Ch.: *Nutzpflanzenkunde.* Thieme, Stuttgart, 2007

Lugerbauer K.: *Blütenreich – ausdauernde und außergewöhnliche Gestaltungsideen mit Blumenzwiebeln und Stauden.* BLV, München, 2019

Lugerbauer K. & Hegmann, J.: *Wilde Wiesen gestalten – naturalistische Staudenbeete für den Garten.* Ulmer, Stuttgart, 2021

Mabey R.: *Essbar – Wildpflanzen, Pilze, Muscheln für die Naturküche.* Haupt, Bern, 2013

Marzell H.: *Wörterbuch der deutschen Pflanzennamen.* Fotomechanischer Nachdr. der Erstausg. Leipzig, Hirzel, 1943. Parkland, Köln, 2000

Mayer E.: *Wildfrüchte, -gemüse, -kräuter – Erkennen, Sammeln und Genießen.* Stocker, Graz, 2011

Müller H.: *Winterharte Exoten.* Formosa, Witten, 2016

Ploberger K.: *Natur im Garten.* AV-Buch, Wien, 2009

Reichholf J. H.: *Die Zukunft der Arten – neue ökologische Überraschungen.* Beck, München, 2005

Reichholf J. H.: *Stadtnatur – eine neue Heimat für Tiere und Pflanzen.* Ökom, München, 2007

Renaud V.: *Gemüse und Kräuter von A–Z.* Ulmer, Stuttgart, 2007

Röseler P.-F.: *Der Hummelgarten – Lebensraum und Biologie der Hummeln.* TRIGA, Gelnhausen, 2001

Roth L. & Kormann K.: *Ölpflanzen, Pflanzenöle.* Ecomed, Landsberg, 2000

Scherf G.: *Alte Nutzpflanzen wieder entdeckt.* BLV, München, 2008

Schönfelder I. & P.: *Das neue Handbuch der Heilpflanzen.* Kosmos, Stuttgart, 2004

Spohn M. & R.: *Blumen und ihre Bewohner – Der Naturführer zum reichen Leben an Garten- und Wildpflanzen.* Haupt, Bern, 2020

Stiftung Umwelt-Einsatz Schweiz (Hrsg.): *Trockenmauern – Grundlagen, Bauanleitung, Bedeutung.* Haupt, Bern, 2016

Thomas A.: *Gärtnern für Tiere – Das Praxisbuch für das ganze Jahr.* Haupt, Bern, 2013

Timm I.: *Robuste Schönheiten für den Garten – Wie Sie Ihren Garten für das Klima wandeln.* BLV, München, 2020

Weigelt L.: *Gartenpraxis im Klimawandel.* BLV, München, 2017

Witt R.: *Nachhaltige Pflanzungen und Ansaaten – Kräuter, Stauden und Sträucher.* NaturGarten, Ottenhofen, 2012

Witt R.: *Naturoase Wildgarten – Überlebensraum für unsere Pflanzen und Tiere.* BLV, München, 1996

Witt R.: *Wildpflanzen für jeden Garten – 1000 heimische Blumen, Stauden und Sträucher.* BLV, München, 1995

Bildnachweis

Alle Fotos stammen von **Norbert Griebl**, mit Ausnahme von:

Umschlag vorne: Hanahstocks/Shutterstock
S. 16/17: Alexander Schmidhammer
S. 82/83: Albert Fröhlich
S. 120, unten links: Klaus Selle
S. 120 oben: Gertrud Tritthart
S. 121: Albert Fröhlich
S. 176, unten Mitte: Fotolia/DLeonis
S. 180, unten Mitte: Michael Hassler
S. 186/187: Gertrud Tritthart
S. 194/195: Gertrud Tritthart
S. 212/213: Gertrud Tritthart

Register